瞬殺怪談
罰

平山夢明
黒木あるじ
我妻俊樹
黒　史郎
つくね乱蔵
神　薫
鷲羽大介
鈴木呂亜
小田イ輔
川奈まり子

文庫

目次

はじまり……黒木あるじ 13
不仲の結末……小田イ輔 14
古い電話……鷲羽大介 16
何がいるのか……つくね乱蔵 17
たぶん正解……小田イ輔 18
マイホーム……平山夢明 19
おかめ……我妻俊樹 20
あられ……黒 史郎 22
うえんだん……神 薫 24
ぎゅっ……我妻俊樹 26
ハーレム……黒 史郎 27
痕跡本……鷲羽大介 28
快楽殺人……つくね乱蔵 29
犬の躾（しつけ）……鷲羽大介 30
まちがい……平山夢明 31
あえてのわけ……黒木あるじ 32

だるま……我妻俊樹 33
マヨイガ……黒 史郎 34
怨霊物件……川奈まり子 36
かえる……神 薫 38
放送事故……鷲羽大介 40
確認……つくね乱蔵 41
コンタクト……神 薫 42
なごり……小田イ輔 43
ドレッドヘアー……我妻俊樹 44
どっちだろう……小田イ輔 45
おちろ……黒木あるじ 46
塩……平山夢明 48
ミニマム……黒 史郎 50
ふるさと……鷲羽大介 52
神棚の封筒……つくね乱蔵 53
なんで?……神 薫 54

みんな知ってた……小田イ輔 55
ねずみ歌舞伎……我妻俊樹 56
年賀メール……平山夢明 57
はんぶんこ……鷲羽大介 58
おまえだよ……黒木あるじ 59
村の鎮守の神様は……つくね乱蔵 60
つぐない……川奈まり子 62
ピンクの象……神 薫 64
覚醒した日のこと……小田イ輔 66
ゆび……黒 史郎 68
布団の飛距離……小田イ輔 69
はこ屋……平山夢明 70
ためらいがちな……黒木あるじ 72
白い猫……鷲羽大介 74
一服……我妻俊樹 75
ライトピンクの上履き……黒 史郎 76

企業秘密……つくね乱蔵 78
マーライオン……神　薫 79
スパイダー……川奈まり子 80
黒い救急車……鈴木呂亜 82
ピシュタコ事件……鈴木呂亜 84
親等数……鷲羽大介 86
形見の鏡……小田イ輔 88
どっち……黒木あるじ 89
笑み……黒　史郎 90
三途の川……つくね乱蔵 92
温度……我妻俊樹 93
屋敷霊……神　薫 94
ママの怨み……川奈まり子 96
死を呼ぶマクベス……鈴木呂亜 98
ブードゥー・マクベス……鈴木呂亜 100
のりかえ……黒木あるじ 101

伝染(うつ)すな……川奈まり子 102
古民家の解体……小田イ輔 104
真ん中の人……黒 史郎 106
村一番の霊能者……鷲羽大介 108
残された写真……つくね乱蔵 110
近況……我妻俊樹 111
復讐の叫び……鷲羽大介 112
三味線が聞こえる……小田イ輔 113
引き寄せ峠……川奈まり子 114
顔マスク……神 薫 116
入鹿池(当夜)……川奈まり子 118
入鹿池(後日)……川奈まり子 120
拒絶反応……我妻俊樹 121
映画は事実よりも奇なり……鈴木呂亜 122
宅飲み……つくね乱蔵 124
喜びの家……神 薫 126

まぼろしの来客……鷲羽大介 128
髑髏の顛末……川奈まり子 130
あまりに奇妙な死と生と……鈴木呂亜 132
モンキービジネス……鷲羽大介 134
湿気った爆撃……小田イ輔 135
少女追放……神 薫 136
金髪……我妻俊樹 137
託骨……つくね乱蔵 138
御守り……川奈まり子 140
ロバ女……鈴木呂亜 142
兄に似た男……我妻俊樹 144
カーテンを閉めたら……鷲羽大介 146
拾った丸石……小田イ輔 147
蝉の声……神 薫 148
肉塊……つくね乱蔵 149
三人の高士……川奈まり子 150

ストレンジ・サンダー　鈴木呂亜　152
初夢　小田イ輔　154
開眼　黒木あるじ　155
鍵　我妻俊樹　156
祖父の日記　鷲羽大介　157
疲れる　つくね乱蔵　158
卒塔婆　神 薫　159
事件霊　川奈まり子　160
勝手な予想　小田イ輔　162
はらぺこ本尊　黒木あるじ　163
骨階段　我妻俊樹　164
まごころ急便　鷲羽大介　166
彼は誰時(かたれどき)の鬼　小田イ輔　167
表札　つくね乱蔵　168
大きな白い犬　神 薫　170
台湾鬼月　川奈まり子　172

罠…………黒木あるじ 174
出汁…………我妻俊樹 176
天の河…………黒　史郎 178
霊体験であればむしろ良し…………小田イ輔 180
中古車の話…………鷲羽大介 181
可能性の妹…………小田イ輔 182
忌中…………平山夢明 183
命名…………つくね乱蔵 184
誰…………川奈まり子 186
爪痕…………川奈まり子 188
保留…………小田イ輔 190
といれ…………平山夢明 191
実家の鯖…………黒木あるじ 192
訴え…………我妻俊樹 194
熱い…………黒　史郎 196
芋…………平山夢明 198

瑕女…………黒木あるじ　199
ストロベリーパフェ……鷲羽大介　200
同名…………我妻俊樹　201
優しい家……つくね乱蔵　202
老婆と電話……小田イ輔　204
畑に踊る……黒　史郎　206
小さいおじさんと私……鷲羽大介　208
予知…………つくね乱蔵　209
予印…………黒木あるじ　210
褌…………我妻俊樹　212
ぼっちテント……平山夢明　213
彼ら…………黒　史郎　214
愛のまなざし……鷲羽大介　216
それぞれの恋……小田イ輔　217
挨拶…………平山夢明　218
笑死…………黒木あるじ　220

瞬殺怪談　罰

はじまり

「古い家を買ったところ、天井に手形があるのです。いくつも浮かんでいるのです」

不安そうに告げる女性を「それは糊(のり)の跡ですよ」と、やさしく諭(さと)した。

下手な大工ほど、天井板を嵌(は)めるおりに糊だらけの掌(てのひら)で板をべたべた触ってしまうのだそうです。はじめこそ糊が透明なので誰も気づかないのですが、経年にしたがい変色し、さながら血でも塗ったような塩梅(あんばい)になるのだとか。ええ、それだけの話なのです。だから、怖がらなくともよいのです。

私の解説に安堵の表情を浮かべ、彼女は「なるほど」と言葉を続けた。

「すると、手形がだんだん移動しているのも糊の所為(せい)なのですね」

思わず返事に詰まり、沈黙が流れる。怪談がはじまる。

不仲の結末

C君の母親と、同居の祖母は非常に仲が悪かった。

彼と父親はその中で板挟みになり、日常的に居心地の悪い思いを強いられていたらしい。

嫁姑の関係が良くないのは世の常とはいえ、それにしても度が過ぎていたとC君は言う。

しかし、それがお互いの死の間際まで続くことになろうとは思ってもいなかったそうだ。


C君の母親が病で入院したのは彼が中学三年の時。

祖母は病床の嫁を「受験を控えた息子がいるのに情けない」と何度もなじった。

そんな話を聞かされ、悔しいと泣く母を励ましながらの受験勉強は辛いものだったが、それでも何とか合格を掴み取った晩、母親の状態が急変した。夜中に病院から掛かってきた電話でそれを知らされ駆け付けると、既に意識がなかったという。

祖母はこれ幸いとばかりに、物言えぬ嫁に向かって「Cはアンタが居なくても立派に育ててやる、これからの将来が楽しみだ」と愉快そうにささやいた。


数日後、雪の降る春の日、母親の葬儀が行われた。

その場において、本当は何があったのか定かではないのだとC君は言う。

あまりのことに動転し、記憶が曖昧(あいまい)なのだと。

彼が憶えているのは、読経の最中、自分の目の前に座っていた祖母が、突然ころんと転がるように横になり、それきり二度と起き上がらなかったこと。

そしてその後、決して安らかな死に顔とは言えなかった棺の中の母親が、満面の笑みをたたえて横たわっていたこと、それだけだという。

古い電話

カズマサさんの家の電話は、プッシュホンが出始めたころに買った古いもので、留守録やナンバーディスプレイなど、便利な機能は何もついていない、ごくシンプルなものだ。

そんな電話が、ある夜、弱々しい音で鳴った。

カズマサさんが出ると、隣町の実家に住んでいるお母さんからだった。

月に一度ほど、お母さんはこうして電話をかけてくるのだという。

とくに用事があるわけではない。身体の具合はどうか、といったことを軽く話すと、お母さんは「じゃあおやすみ」と言って電話を切った。

お母さんが三年前に亡くなったことを思い出すのは、いつも受話器を置いた後のことだという。

この古い電話を、便利な最新のやつに買い替えてしまったら、もうお袋からはかかってこないような気がするんだよね。

そう話すカズマサさんの顔は、嬉しそうにも悲しそうにも見える。

何がいるのか

引っ越した部屋に何かいる気がしてならない。とりあえず撮影してみた。申し訳ないが、何か見えるなら教えて欲しい。

そう前置きし、工藤さんは友人たちに頭を下げた。

その場にいたのは、工藤さんを含め四人。

一人目は画像を見て、女の子が見えると言った。

二人目も同じく女の子、ただし二人見えるという。

三人目は普段からそういった写真や話を馬鹿にしている男だったが、画像を見た途端、物も言わずにその場から逃げ出した。

何が見えたか未だに教えてくれないらしい。

たぶん正解

Yさんの娘は当時小学二年生。

ある日の夕方、その娘が立派な菊の花を一輪、どこからか持ってきた。

聞けば、学校の帰り道に落ちていたものを拾ってきたのだという。

なんとなく不吉なものを感じ「道に落ちてるモノを拾ってきちゃダメ」と注意すると、娘は半べそをかきながら「だってかわいそうだったんだもん」と言う。

何が？　花が？　戸惑うYさん。しかしなんせ菊の花である、どうも嫌な予感がし、娘を伴ってそれを拾ったという場所まで行ってみたところ、案の定、道端に並ぶ供物の数々。どうやら死亡事故でもあったらしいその場には、菊の花束も置かれており、娘はその中の一輪を持ち帰ってきたようだった。

Yさんは菊の花を戻し、娘の手を引いて立ち去ろうとしたのだが、当の娘は後ろ髪をひかれるように何度も振り返り「ごめんね～」と手まで振る始末。

帰宅後も嫌な予感が抜けなかったYさんは、それからしばらくの間、娘を学校まで送り迎えしたそうだ。

マイホーム

去年、チエさんは母親と念願のマンションを購入した。

「築十年なんだけど手頃だったの」

イラストレーターの彼女は仕事部屋だけは新しく手を入れ直した。資料や服などを収納するのに大きなクローゼットを作り替えた。

引っ越しして落ち着いた頃、友人三人とテレ呑みをした。途中で友人全員が『具合が悪い』と云い出し、テレ呑みは中断された。

翌朝、友だちの一人から『チエのクローゼット』というタイトルのメールがあった。

彼女を心配する文と昨日のテレ呑みの画像が添付されていた。

缶チューハイを口にするチエさんの後ろでクローゼットが半ば全開になっており、顔の割られた首が棚に並んでいた。

御利益があるという有名な寺社の札でも貼るそばから腐っていくという。

おかめ

千葉さんは三十代の男性だが、子供の頃郷里では汲み取り式トイレがまだ主流だった。

「汲み取り便所ってちょっと怖いじゃないですか。昼間はまだいいけど、夜なんか便槽が真っ暗で地獄みたいにおっかなくて。だから絶対長時間トイレにいたくないし、大きいほうは必ず明るいうちにしておくよう心掛けてました」

だがある日、千葉さんは夕食後に急な便意に見舞われた。あわててトイレに駆け込み、気張っていると、頭上で蠅(はえ)が飛び回る音が聞こえる。

「そもそも蠅は嫌いだけど、汲み取り式に出る蠅って大小便の中で生まれたやつでしょ? とくに気持ち悪いわけですよ」

体に止まられたらいやだなと思い、急いで尻を拭くと千葉さんはズボンを持ち上げた。トイレを出るときちらっと天井を見上げた彼は息を呑んだ。

裸電球がぶらさがる白い天井に〈おかめ〉のお面のような顔が貼りついていたのだ。

「納豆のパッケージにあるでしょう? あんな感じの顔です」

〈おかめ〉は無表情なような、少し笑っているような顔でじっと虚空(こくう)を見つめている。

「おれは咄嗟(とっさ)に合理的な説明を考えて、誰かがお面を天井に貼りつけたんだろうって。弟がイタズラでやったんだって必死に納得しようとしたんです」

そのとき、今までうるさく飛び回っていた蠅が〈おかめ〉の口元に止まった。すると口が少し開いて赤い舌がのび、蠅をぺろりと食べてしまった。

直後にげっぷの音を聞いた気がする。

千葉さんは大騒ぎしてトイレを飛び出すと、父親の裾(すそ)を無理やり引いてもどってきた。だがすでに天井の顔は消え失せていたという。

両親からは四年生にもなって馬鹿なことを言っていると呆れられた。

弟にまで馬鹿にされたので、千葉さんはむくれてそれ以上訴えるのをやめた。

「それからはもう昼間でもうちのトイレに入るのいやで。大小かまわず、庭の隅や近所の河川敷で済ませてくるようになっちゃいました」

半年ほど後に家が改築され、水洗化されるとともにトイレの位置も変わった。新しいトイレを千葉さんは恐る恐る使うようになったが、不可解な出来事は一度もなかったようである。

あられ

「正月が明けてから祖母がたまに、あられを作ってくれました。残ったお餅（もち）を細かく切って、鍋で転がしながら塩をふって。薄味でしたけど妙においしかったんです」

祖母の話では、あられは昔からよく家庭で作られていたおやつで、その家の味があったという。ただ、祖母の家では正月に食べきれなかった餅を使うのではなく、あられ用にわざわざ餅を用意していたそうで、作るのも月に一度と多い。しかも、家族で食べるためではなかった。

作ったばかりのあられを鍋のまま外に持ち出し、庭にまいていたのだという。

子どもの頃から毎月見ている光景なので、祖母はとくに疑問は抱かなかったそうだが、いつも勿体（もったい）ないなと思っていたらしい。

ある時、なんとはなしに、あられを庭にまくのはなぜかと母親に訊ねると、予想もしなかった理由を聞かされたという。

――うちの庭には幽霊が出る。だからこれは魔除けなんだよ、と。

そんな話は初めて聞いたので、はじめは冗談だと思った。ところが、そんな話をしだしたのは父親なのだという。

現れるのは首から上がない裸の女児で、それが家のなかに入ってくるのを防ぐため、父親が母親にやらせているのだそうだ。それを見たのは父親だけなのだそうだが、母親が何をいっても本物の幽霊だといって疑わず、どこで聞いてきたものやら、あられを魔除けとする行為に絶対の信頼を置いていたという。

そんな話を聞いてから祖母は、庭をつねに意識してしまうようになり、父親が亡くなってからもしばらく、庭のあられまきは月一で行われていたそうだ。

「うちの庭に、そういう姿の女の子が埋まっていたのかもしれないね」

そんな物騒なことをいって、祖母は笑っていたという。

うえんだん

聡美さんが小さいころ、同居していた祖母にいつも言われていることがあった。

「サトちゃん、ばあちゃんの部屋で遊んでもいいけんど、箪笥の一番上段（うえんだん）の引き出しだけは開けたらいかんよ」

禁止されていればいるほど、聡美さんは祖母の箪笥を開けてみたくてたまらなかった。

「おばあちゃん、一番上の段の引き出しをときどき一人で開けて長いこと見てたから、子供心に気になっていたのね」

引き出しに何が入っているのか、直接本人に問い質（ただ）さないくらいのデリカシーは聡美さんにもあった。箪笥の中身を見つめる祖母が、思いつめたような表情をしていたからだ。

「仕立てのいい、一枚板をふんだんに使った立派な箪笥でね。小学生時代の私で、踏み台を使ってようやく上段に手が届くくらいだった」

何度か祖母の留守を狙って箪笥の一番上の引き出しを開けようと試みたが、いつも引き出しを半分ほど引いたところで、聡美さんは中を覗き込む前に意識を失い、気づくと箪笥の前で大の字に寝ていたのだという。

箪笥の前で彼女が目を覚ますと、毎回、上段の引き出しはきちんと閉まっていた。

「おばあちゃんが帰宅する前だよ？　お母さんは仕事でいないし、家には私一人なのに」

子供の力で半分開けるのにも苦労する重厚な引き出しが、ひとりでに閉まることがあるのだろうか。そう考えると怖くなり、聡美さんは祖母の箪笥に触ることをやめた。

聡美さんが中学生のころ、祖母は風邪をこじらせて逝ってしまった。

おばあちゃんには悪いけど、今こそ箪笥の中身を知るチャンスだ。

そう思った聡美さんは、箪笥に手をかけた。

しかし、小学生の力でも開いたはずの引き出しが、引いても一向に開かない。

苛立った聡美さんが力任せにこじ開けると、引き出しの中から長く、後を引くような女の人の泣き声がした。

「あっ、これ。おばあちゃんの声だ、って」

覗き込むと引出しの中に手紙のような物があったが、みるみるうちに紙に皺が寄り、儚く崩れて、何年も野ざらしにしたかのように文字が読めなくなった。

「たぶん、恋文をしまってあったのかと。相手は、おじいちゃんじゃないんだろうな」

現在、祖母の箪笥は聡美さんの部屋にある。

人には言えない恋をしている聡美さん、一番上の引き出しの中身は誰にも見せる気はないそうだ。

ぎゅっ

八重子さんは新年会で酔っ払ってタクシーで帰宅する途中、うたた寝していたら誰かに右肩をぎゅっと掴まれた。はっとして顔を上げるが、車内には彼女と運転手しかいない。走行中に運転席から客の肩を掴むことは不可能だ。

帰宅してから家族にこのことを話すと、

「気のせいだよ」

「酔っ払ってたんでしょ？　夢だよ夢」

そう笑われてしまって、八重子さんもそうかなあという気分になる。


だがシャワーを浴びようと服を脱いだとき、彼女は驚いて声を上げてしまった。右肩に、内出血するほどくっきりとした歯形が残っている。

不思議と痛みは感じなかったという。

ハーレム

ミユキさんは霊の視える人に会ったことがある。

友人の紹介であったが、三人で会うのは不安なので、そういう話が好きな男友だちにも同席してもらったという。

現れたのはスーツ姿の女性で、本職は某有名企業の電話オペレーターとのこと。

彼女はミユキさんの連れてきた男友だちを見るなり、目をパチクリとさせて、我が目を疑うような顔をした。男友だちに、女の霊が五人もついているというのだ。

彼女は外見は派手だが小心者で、女性から恨みを買うようなことのできる性格ではない。（あーあ、この人、見た目だけで適当いってるなぁ）と思った。はじめから疑ってはいたのだが、ますます信じることができなくなった。

言われた本人は嬉しいのか、「ハーレムじゃん」とにこにこ笑っている。

ところがよく聞くと、彼についているという五人の女性は、見た目が五十代から六十代、彼より二回り以上も年上なのだという。

「五人とも、あなたのみぞおちに手を当てているので、お腹の病気に気をつけてね」

そういわれた男友だちは、この半年後に胃がんが見つかることになる。

痕跡本

ユリコさんは、古本屋のワゴンセールで、三冊二〇〇円の漫画本を買った。相当くたびれた本だったが、読めればいいやと思った。

そのうちの一冊に、主婦の体験談という体裁で描かれた、ご近所トラブルからストーカーの被害にあう話が載っていた。荒っぽい絵柄で、殺伐(さつばつ)とした内容だが、こういうのを読みたいときもある。

漫画の中では、主人公のヒロコという女が、隣人のトモミからひどい嫌がらせを受けていた。夜中にわざと騒音を立てられたり、自転車のカゴに使用済みのコンドームを入れられたり。夫に相談しても面倒くさがって対処してくれない。ついには幼い息子にまで危害を加えられそうになり、ヒロコはトモミの家に乗り込んでいく。そこはゴミ屋敷で、狂気の目つきをしたトモミはヒロコにつかみかかり、首を絞めてくる。

クライマックスとなる場面だが、そのページにだけ落書きがしてあった。

フキダシの中には「死ね、ヒロコ！」という台詞(せりふ)が書かれていたが、「ヒロコ」の部分が鉛筆でぐちゃぐちゃと潰されて、赤いサインペンで書き直されている。

「死ね、ユリコ！」と、読みやすいきれいな文字で書かれていた。

快楽殺人

大学生の頃、美由紀さんは人を殺す夢をよく見た。とある森を訪れてから見るようになった夢だ。殺す相手は若い女性、凶器は大型の包丁。刺した瞬間の感触や、相手の表情も鮮やかで生々しい。何故か、その女性の名前もわかった。心配した両親に連れられ、病院、寺、霊能者に至るまで通い詰めた。どれかが効いたらしく、大学を卒業する頃には、すっかり夢を見なくなっていた。

社会人になった美由紀さんは、仕事のノルマと職場の人間関係に疲れ果ててしまった。入社して半年後、美由紀さんはあの森を再び訪れた。

女性の顔を思い浮かべながら、声に出して名前を呼び、森の中を彷徨(さまよ)った。その甲斐あって美由紀さんは、再びあの夢を手に入れた。

会社でどれほど嫌な目に遭っても、女性を刺し殺すと溜まっているストレスが解消される。腹の底からスッキリする。

明日からまた頑張ろうという気になれるという。

犬の躾（しつけ）

早朝にトモエさんがペットのポメラニアンを散歩させていると、向こうから見かけない顔の中年男性が歩いてきた。

いつも人に吠えることのない犬が、もの凄い剣幕で吠えはじめた。あわててトモエさんが犬を抱き上げても、犬はその中年男性に向かって吠え続ける。

うるさくてすみません、と頭を下げようとしたら、その人はトモエさんの目をまっすぐに見て「だまれ」と落ち着いた声で言った。

その瞬間に犬はおとなしくなり、呆然としたトモエさんをその場に残して、中年男性はそのまま去っていった。

翌朝、ポメラニアンはトモエさんの指を食いちぎると、それを喉に詰まらせて死んだ。

まちがい

トウマは酔っ払って帰宅した際、降りる階を間違え、同じ位置にある他人の部屋に鍵を突っ込んだことがある。

「ガチャガチャやってる途中で別の階だと気づいた。それで非常階段からひとつ下に降りて自分の部屋に戻ったんだけどさ……」

以来、時折、天井がドンドンと鳴るようになった。

大抵、真夜中のことであり、何人かが怒って踏み固めるようでもある。

「おれ、最上階なんだ」

あえてのわけ

詳細な地名は伏す。

その村にはひとつの禁忌が口伝えで残っている。

「■月■日に山へ入るな。禁を犯せば時を置かずして人が死ぬ」

話者によれば、亡くなるのは村いちばんの年嵩——つまりは最高齢者なのだという。

長老が死ぬ理由は「山の神が自分にもっとも近い人間を呼ぶ」「いや、獣とおなじく群れのなかで弱っている個体を狙うのだ」など諸説あるようだが、なにせ口伝なので明瞭りしない。

ともあれ禁忌はいまも信じられており、ゆえに村衆は基本的に■月■日の入山を避ける。

何年かに一度、あえてその日に山へ行く者があるという。

みなは知らぬふり、気づかぬふりをする。どこの家の人間なのかも、山へ入る理由も詮索しない。ほどなく村では葬式が出る。かならず出る。しかし、そのときも言及する者はいない。

そうやって村は続いてきた。だから、記録には残さない。残らない。

だるま

朝早く目を覚ますと、野川くんの腹の上には達磨（だるま）が載っていた。

はて、家に達磨などあった記憶はないが……。

そう思いつつも、きっと幼い息子の悪戯（いたずら）だろうと思い、物陰からニヤニヤして窺（うかが）っているだろう五歳児の姿を目の端に探した。

だが、視界に入ってきたのは息子の姿ではなく、半開きの引き戸から身を乗り出すようにしている大人の背丈の人影だ。

その人影には首がなかった。

はっとして彼が腹の上に視線をもどすと、載っているのは達磨ではなく、髭面（ひげづら）をべったり血に染めた男の生首だった。

マヨイガ

約三十年前である。高校生だった竜介さんは親の使いで、遠い親戚の家へ行くことになった。この親戚の家に行くのは初めてだった。

初めて乗る電車で初めて聞く名の駅で降りる。地図らしい地図も持たされず、わからなければ人に聞けといわれたが、降りた駅周辺に人がまったくいない。

まあ、なんとかなるでしょうと、聞いていた家の特徴と住所を頼りに歩いてみた。

電柱や塀にある街区表示を見ながら、なんとか同じ住所に辿り着いたのだが、思っていたよりも駅から遠く、聞いていたような外観の家も見当たらない。周辺の家の表札を確認するが親戚の名はなく、表札のない家もある。しかも、どの家も見るからに荒れており、窓からがらんどうの闇がのぞき、雑草や枯れたツタに支配されている。

何度も確認したが番地は合っている。人に訊ねたくとも、人がいない。困り果てていると、通りかかった子連れの女性が「なにかおさがし?」と声をかけてきた。

ほっとした竜介さんは、○○という家を探しているんですと答えると、女性は首を横に振って、この辺では聞かない名前だという。それに、このあたりの家はごらんのとおり、人の住んでいない空き家ばかりだというのである。

これはもう無理だと判断し、時間はかかるがいったん駅まで戻って公衆電話から親戚の家にかけて迎えにきてもらった。

「この辺は入り組んでいて複雑だからね。みんな、初めて来るときは迷うのよ。無理しないで着いたらすぐに連絡くれればよかったのに。はい、この家ね」

と、案内されて着いたのは、先ほど苦労して辿り着いた場所だった。

家の配置、確認した街区表示板の傷もまったく同じ。

ただ、先ほど見た荒れ果てた家は一軒もなく、あるのはいずれも立派な家であった。

怨霊物件

二〇年ぐらい前に、北海道江別(えべつ)市の文教地区にある学生専用のアパートで起きたことだ。

そこは木造二階建てで、当時ですでに築三〇年。部屋数一〇室という物件だった。地元の不動産管理会社が賃貸契約の仲介をオーナーから任された、学生街であればどの地方都市にもありそうな、なんの変哲もない集合住宅だ。

ある年の春、高校を卒業して道内の寒村から出てきたばかりの女の子が、二階の一室に入居した。隣の札幌市にキャンパスがある短大に入学したのだ。

都会に不慣れだったせいだろうか……。彼女は札幌の繁華街に入り浸るようになった。そしてホストと肉体関係を持ち、仕送りを使い果たすと、彼の甘言に乗って性風俗店で働きはじめ、短大入学から一年も経たずに孕(はら)んだ。

間もなく妊娠が隠せなくなり、風俗嬢も辞めざるをえず、おそらくホストから突き放されたのだろう。彼女は、アパートからほど近い公園の木に縄を掛け、首を吊って自殺した。

それからというもの、彼女が住んでいた部屋に入居した男子学生が、死ぬようになった。

また、どういうわけか、募集をかけると、応募してくるのは必ず男子なのだった。

死因は、交通事故死、飛び降り自殺、心不全やアナフィラキシーショックによる急死などさまざまだが、全員が住みはじめて一年以内に命を落とし、しかも四人とも部屋の外で亡くなったという。四人も続くのは偶然ではないと思うからとアパートのオーナーが言って、お祓いができる人を探すように不動産管理会社の担当者に依頼した。

担当者は、霊能力者を人伝（ひとづて）に紹介してもらった。地元の企業に勤務するエンジニアで、無償で加持祈祷（かじきとう）を行う、四〇代の男性だった。

半信半疑で問題の部屋に来てもらうと、その男性は「ここにいる霊は、男を怨みながら死に、呼び寄せた人の魂を喰らって鬼になった。私にはお祓いできませんが、こんなものでも、無いよりはあった方が……」と述べて、色紙にお札を墨書した。

お札を部屋に祀って担当者が社に戻ると、「呪われたアパートの件はどうした？」と上司に訊かれた。そこで新人の部下にお札を取りに行かせたが、使いに出ていったきり連絡が取れなくなった。

するとオーナーがアパートを売却し、この不動産管理会社の手を離れたので、後のことはわからない。

かえる

「そのころ、親が離婚で揉めていて、気分がくさくさしていたんだ。どうかしてたよ」

椎木さんは小学六年生のころ、アマガエルを殺して遊ぶ少年だった。

殺すのに道具は使わない。だらしなく伸ばした爪をカエルの腹に突き立てて、柔らかな内臓を潰して殺した。朝、頭に浮かんだ数字を殺すカエルの数として自身にノルマを課し、勉強もせずに毎日カエルを殺し続けていた。

「殺すのが楽しかったわけじゃないんだ。ただ、何も考えずに機械的にカエルの命を奪うとき、嫌なことでいっぱいの心がほんの少し軽くなったんだ」

それは夏の終わりのことだった。カエルが冬眠する冬にはできなくなる遊びゆえ、彼はできるうちにと、よりいっそう殺戮(さつりく)に励んでいた。草むらでカエルを捕らえ、左手で固定し、右手の爪を突き立てる。数をカウントしながら、ひたすらそれを単調に繰り返す。

その日のノルマ最後の一匹の腹部に、彼が尖った爪を突き立てようとした刹那。つまんだカエルが口を開き、〈かえる〉とはっきり発音した。それは両生類の鳴き声ではなく、人の子供のような声だった。小さな畜生が人語を話した動揺が指に伝わり、カエルを固定していた左手の力が緩む。腹部を突き破るはずだった指の爪は、カエルの頭部を抉(えぐ)っていた。彼の手から解き放たれたカエルは、傷を負いながらも必死に跳んで逃げていった。

殺し損ねた一匹の額にくっきり刻まれた三日月の爪痕を、彼は今でも鮮明に思い出せる。

カエル殺しをやめた椎木さんは平凡な勤め人となり、平穏のうちに結婚した。だが、第一子誕生のとき、彼は青ざめることになる。赤ん坊の額に、小学生くらいの子供が爪で突いたような、小さな三日月型の痣（あざ）があったのだ。

「痣がカエルの呪いならまだ良いんだ。ひょっとしたら〈カエル〉じゃなくて、因果応報の〈返る〉だったんじゃないのか」

彼が本当に恐れているのは、我が子が殺しそびれたカエルの生まれ変わりかもしれないことだ。

「本で読んだんだが、人類の数は昔より増えているから、人から人へ転生する魂の数が足りないって説がある。人間が増えるに従って、前世は動物だった魂も人間に生まれ変わることがあると。だから……」

まだ彼の子は言葉を発する年齢ではない。もし、我が子が憎しみに満ちた眼差しで、父親の過去の悪戯（いたずら）を語り出したら。そんな悪行を、潔癖症の妻にばらされたら。

そう想像するとき、いつも彼は胃に石ころが詰まっているかのような気分になる。

放送事故

カーラジオをつけたまま運転していて、トンネルに入った。

電波が入らなくなり、ラジオが聞こえなくなるかと思ったら、低い男の声でボソボソと何かを話している放送が入ってきた。

韓国語かなんかかかな、と思っていると、一分ほど喋ってから、「あっやべっ」という声がして、雑音しか聞こえなくなった。

それからすぐにトンネルを出たので、元の電波が入るようになった。

別の日に同じトンネルを通ったときは、最初から雑音しか聞こえなかった。

確認

某作家さんから面白い体験談を聞いた。

良いネタを仕入れたのだが、どうしてもパソコンに入力できないという。

途中まで入力したのに、いつの間にか消えていたり、保存したはずが白紙状態だったり、パソコンそのものがフリーズしたりと症状は様々だ。

このままでは他の原稿にも被害が及ぶと思い、入力は諦めた。

それならばと原稿用紙に直接書き始めた途端、ボールペンが真っ二つに折れたそうだ。

「そんなに書かれたくないのなら、最初から取材を邪魔すれば良いのに。知って欲しいのか知られたくないのか、どっちなんだよ」

憮然(ぶぜん)とする彼に、私はふと頭に浮かんだ答えを告げた。

「本にすると、大勢の人が読むだろ。それが嫌なんじゃない？　一人一人、しっかりと確認したいんだよ、きっと」

物凄く嫌な顔をされてしまった。

ちなみに、聞いた人のところへ必ず女性が現れる話だという。

聞かせてやろうかという御提案は、丁重にお断りした。

コンタクト

長年メガネをかけていた恵さんは、大学入学時に思い切ってコンタクトレンズに切り替えた。その年の冬のこと、バイト先から帰宅して暖房のきいた室内に入ると、視界が白く曇って何も見えない。

以前は寒い屋外から暖かい室内に入るとメガネのレンズが曇って困ることがあったけれど、コンタクトレンズでそんなことある？　もしかして、装用中のコンタクトレンズに傷か汚れがついて曇っているのだろうか。

鏡でレンズを確認しようと洗面所へ行くつもりが、床に置いたバッグに足をとられて彼女は転んでしまった。

ああ驚いた、と起きあがろうとすると、いつの間にか視界がクリアになっている。見れば、さっきまで自分の顔があったとおぼしき高さに、黒いモヤでできたメガネのような物がぼんやり浮かんでいて、じわりと空間に溶けるようにして消えた。

使わなくなった十年もののメガネが、コンタクトに嫉妬して化けて出たのかもしれない。

そう思い、週一でコンタクトをしないメガネデーを作ってみたところ、今のところは何も変わったことはないそうだ。

なごり

二十歳のUさんが幼い頃に遊んだ原っぱは、なぜかいつも線香の匂いがしていた。
その場所に何十年も昔、火葬場があったことは、最近知ったという。

ドレッドヘアー

芙美子さんが関西の某大学で事務のバイトをしていたとき、よく窓口に来るドレッドヘアーの女子学生がいた。語学系サークルの部長をしている子で、芙美子さんは直接応対はしていないが顔はよく覚えていた。

休日に芙美子さんが繁華街を歩いていたら、前方からその女子学生が歩いてきた。目が合うとむこうから挨拶してきたので、顔を覚えられていると思わなかった芙美子さんも慌てて挨拶を返した。そのまますれ違ってしばらく歩くと、タッタッタッと駆け足の靴音が背後から聞こえる。振り返ると近づいてきたのはドレッドヘアーの女性だった。だがさっきの子ではなく、似ているのは髪型だけで全然知らない人だ。

芙美子さんの耳元で「あたしが、わかりますか」と囁くように言った女性は、そのまま駆け足で道を斜めに渡ると古いビルの外壁に吸い込まれるように消えてしまった。唖然として立ち止まる彼女を通行人が不審そうによけていく。他の人に今の光景は見えていなかったらしい。

その後ドレッドヘアーのあの子を大学で見かけなくなった。病気で休学しているらしいと聞いたが、たしかめる前に芙美子さんはバイトを辞めている。

どっちだろう

高校の時、休み時間に廊下で友達と喋ってた時です。何気に外を見たら、変な銀色の球が三つ、フラフラ飛んでいました。距離ですか？　そんなに遠くない、二十メートルぐらい、サイズ的にはバレーボールぐらいだったんじゃないかな。学校裏の斜面を、ちょっと光りながら行ったり来たりしてて。なんだアレ？　ってなるじゃないですか？　当時はガラケーだったんで、すぐに構えて写真撮ろうとしたんですけど、写らないんですよね、画面にすら、目には見えるのに。その場には俺を含め三人いて、全員が見ました。他のやつらを呼ぶ前に消えちゃったんで、騒ぎにはなりませんでしたけども。

俺、そういうのに否定的だったんですが、直接見ちゃったから、信じざるを得なくて。

でもあの銀色の光る球、どっちだったんだろな、人魂？　ＵＦＯ？

おちろ

　鹿角さんは週に一度、運動不足解消のためにボルダリング施設へかよっている。

「正式にはインドアクライミングと言います。ホールドという突起をよじ登るので、身体中の筋肉を使うんです。自分のペースでじっくりできる点が性に合っているんですけど」

　ときどき「おさわりされる」のが困りものだ――と、彼女は渋い顔をする。

　突起を掴んでいると、なにかが手の甲をすりすり撫でるのだという。

　もちろん周囲にほかの人間はいない。そういう話である。

「いままでは軽くタッチしてくる程度だったんですけど……先月、いきなり指を引きはがされそうになって。とっさに別のホールドへ手を伸ばさなかったら、まっさかさまに落ちていたでしょうね」

　そのときはじめて、悪意とも敵意ともつかない気配を感じた。

「あの施設に居るモノなのか、それとも私に憑いているのか、それが問題で。場所由来だったら別な施設を利用すればいいんですが……もし自分に憑いているとすれば、逃げられないじゃないですか」

最近、施設で仲良くなった数名に「本格的なクライミングを一緒にしませんか」と誘われている。

挑戦したいなと思う反面、「あの手は〈その日〉を待っているのでは」との疑問も拭えない。

「断りきれず、今年の春にみんなで山へ行こうと約束したんですが」

キャンセルすべきか、いまも迷っている。

塩

「目の縁に塩を塗るんだよ。シュッて。おかしいだろ」

サトウは所謂（いわゆる）、万引きGメンをしている。

まだ駆け出しの頃、先輩にショウさんというベテランがいた。

ショウさんは独身。いろいろな職業を転々として現職になったという噂だった。凄腕だったが仲間と呑みに行くこともなく、いつも寂しそうにしていた。そんな彼のことが気になってサトウはある日「呑みに行きませんか」と誘った。ショウはさんは少し考えてから「いいよ」と云った。

会社近くは嫌だと云うので少し離れた店を見つけて入った。杯を重ねるごとにショウさんは少しずつ機嫌が良くなった。

そこでサトウは〈塩の件〉を尋ねてみた。何かのまじないなんですか？　と。

ショウさんはちょっと暗い顔になって口を開きだした。

何かの折に目の端に、ふと黄色いラッパ袖のひらひらした腕が映るのだという。

「本物じゃない。幻なんだ。でも、それが陳列棚に手を入れて商品を掴むのが見えることがあってね……それを消すのに塩を塗るんだ」

ショウさんはムショ帰りだった。何処にも雇って貰えず途方に暮れていたときに、仕事をくれたのが今の社長だったという。

「蛇の道は蛇じゃないんだけどね。わりかし巧くいったよ」

そんなあるとき、派遣先の大きなスーパーで万引きしている老婆を発見した。事務所に連れていこうと腕を掴んだところ思いがけぬ強い力で振り解かれ、相手は物凄い顔でショウさんを睨みつけると駆け出した。あっと思った途端、道に飛び出た老婆はトラックに跳ね飛ばされ――即死した。

「警察の調べの中で、それが俺の小さい頃にいなくなったおふくろだってことがわかって――」

遺品整理に向かった小さなアパートは、泣きべそをかいているような暮らし向きだったという。

「それから暫くしてからだよ。おふくろの腕から先、ひらひらして先の広がったラッパ袖が目の端に浮かぶようになったのは……あの日、着てた服だ」

なにも死んでからもやらなくていいじゃねえか……とショウさんは云ったという。

ミニマム

上京して二年目の頃、竹谷さんは彼女と住んでいたマンションの部屋で「小さい人」を見ている。

飲みかけのコーヒーの入ったマグカップの向こうを走り抜けたのが一度目の目撃。がさがさと音がすると思ったら、配達物をくるんでいた梱包材の上を歩いていたのが二度目の目撃。都市伝説の「ちいさいオッサン」が有名になる、ずっと前のことだそうだ。

しかも、それはオッサンではなく、竹谷さんの母親であった。

手の平くらいのサイズだが、それは間違いなく母親で、さすがにクスリを疑われるだろうと母親にも同棲している彼女にも話さなかった。竹谷さんも自身の脳を心配していたという。

三度目の目撃は、二度目の目撃から二年後だった。

彼女と別れ、住んでいたマンションを引っ越し、環境も大きく変わったので、もう見ることはないだろうと勝手に思っていたのだが、小さい母親は現れた。転居後、まだ開封していない段ボール箱と壁のあいだ、そのわずかな隙間に走って入り込む姿を見た。

今でもなぜそんなことをしたのかわからないが、竹谷さんはその光景を見た次の瞬間、段ボール箱を壁側にぐっと押した。

なにかを潰したような感覚はなかった。段ボール箱を引いてみると、箱と壁と床に茶色ともオレンジ色ともつかぬ色の湿った汚れがあった。虫を潰した時に出る体液のようで、自分がとんでもないことをしたかもしれないと怖くなり、実家に電話をかけた。

母親は現在も腰痛を抱えているくらいで、病気とは無縁な健康体であるという。

ただ、竹谷さんの胸の奥には母親を殺してしまったという忌(い)まわしい感覚と後悔が残っており、拭(ぬぐ)い取ることができないのだという。

ふるさと

尿意で目を覚ますと深夜二時だった。

ベッドから出て、暗い廊下を歩き、古ぼけたトイレに入って便座に腰掛け、用を済ませてまたベッドにもぐり込んだ。すぐまた眠りにつき、アラームで起こされたら朝の七時になっていた。

夜中に用を足したトイレが、今の家のものではなく、三〇年前に両親ともども全焼した実家のものだったことに気づいたのは、朝になってからのことだった。

神棚の封筒

通常、神棚に並べるものは米、塩、水、酒、榊などだ。三浦さん宅は、それに加えて一枚の封筒が置かれている。

何の変哲もない白封筒だ。先祖代々伝えられてきた決まり事である。封はされておらず、中が見える。

三つ折りにされた便箋らしきものが入っているのだが、書かれた内容を知る者はいない。四年前に病死した祖父は、亡くなる七日前に読んだらしい。何が書いてあったか誰にも言わず、祖父は急激に痩せ、衰弱死した。

年に一度だけ、封筒は神棚から降ろされる。原因はわからないが、中から白髪がはみ出してくるからだ。

そのままにしておくと、家族全員が酷い頭痛に悩まされるため、一本残らず取り除く。まるで無理矢理引き抜いたように、毛根が付いているという。

なんで？

美大生の歩美さんは、最近マンションから外出するたびに隣室の中年男性によく出くわす。ドアを開けるタイミングがなぜか隣人と一致してしまい、顔を合わせるたびにニヤリと笑いかけられるのだ。そんなことが数ヶ月続き、彼女はその男性の存在が次第に気持ち悪く感じられてきた。でも、隣人のことを親に相談したら、家から新幹線で大学に通えと言われるだろう。親はそもそも、彼女が家から遠い美大に行くことには反対していたのだ。

誰に相談しようかと考えて、ふと高校時代の親友の携帯にダイヤルしていた。番号は変わっていなかったようで、懐かしい親友の声が応答した。

迷惑な隣人のことを相談すると、〈うん、うん〉と親友は親身に相槌をうってくれた。隣人に関する愚痴の途中で、おもむろに級友が言う。

「ねえ、なんで？　どうして生きてる人だと思ったの？」

えっ？　隣人は生きてる人だよ、当たり前でしょ？

「そうじゃなくて、私のこと。いい加減にもう解放してよね」

通話が切れた途端、なぜ、親友と長らく連絡していなかったのかを思い出す。高校卒業後、歩美さんは現役で美大に合格したが、浪人した彼女は自ら命を絶っていたのだった。

みんな知ってた

Mさんが高校生だった頃の話。

彼女には弟がいるのだが、なぜか自室のドアを年がら年じゅう開け放っていた。

ある時、何の気無しに「なんでドア開けてるの？　閉めなよ」と言ったところ、弟は「ドア閉めると知らない人にノックされるから嫌なんだよ」と言う。家の中に知らない人などいるわけがないので不審に思い、そのことを母親に伝えると「ああ、アンタはわかんないみたいだけど、この家、知らない女の人が出るんだよね、たぶん幽霊」と、事も無げに言い放った。Mさん以外の家族全員そのことを知っていたものの、彼女がまったく気付いていない様子だったので、あえて言う必要もないと判断し、ずっと黙っていたのだという。

「弟は見える分には構わないけれどノックはうるさいから嫌だったらしいです」

ねずみ歌舞伎

須野さんは子供の頃に祖母からねずみ歌舞伎（かぶき）の話を聞いた。

祖母の生まれた家はその土地の豪農の家だった。大晦日（おおみそか）の晩に天井からねずみの群れがぞろぞろ降りてきて、床の間で何やら芝居のような出し物を始めるのだそうだ。

それを家の者はねずみ歌舞伎と呼んでいた。中には本物の歌舞伎役者のように、隈取り（くまど）をしてきらびやかな衣装をまとったねずみもいたらしい。

裸のねずみも衣装つきのねずみも、台詞（せりふ）はチューチュー言うばかりで話はまるでわからなかったが、大きな身振りでいかにも人間の歌舞伎を真似たような動きをする。滑稽（こっけい）なような気味が悪いような、年の瀬恒例の変事であった。

祖母自身はねずみ歌舞伎を一度だけ見た記憶があるという。そのときは妙に老いぼれてよろよろした、病気をしているようなねずみばかり床の間に数匹集まった。眺めているとしばらくもぞもぞやっていたが、鳴き声に張りもなく、すぐいなくなってしまった。

次の年の大晦日にはもうねずみが姿さえ見せなかった。たぶん役者がみんな年老いて後継者がおらず、廃れてしまったのだろうと祖母は語っていたらしい。

年賀メール

『ひさしぶりだなあ。おまえ四月に死ぬかもしんないぞ、きをつけろよ』

年賀メールを送った奴から、こんな返事が来たとアキヒコは云った。

「いくらなんでもこれは失礼でしょ、ってカチンときたんだけど――」

ズボラな性格のアキヒコは、年賀メールをパソコンにあるアドレスで一斉に送りつけていた。

「そいつ、高校のときに事故で亡くなってたんです」

はんぶんこ

ヨウコさんは、婚約の挨拶のため、マサルさんの実家へ招かれた。

ご両親は暖かく迎え入れてくれ、彼の生い立ちについて話してくれた。

彼は双子の未熟児で生まれ、弟は生まれてすぐ亡くなったこと。幼いころは病弱で、すぐ熱を出しては寝込んでいたこと。中学に入ると親に反抗するようになったこと。高校では軽音楽部でバンドをやっていたこと。初任給で両親の大好きなお寿司をごちそうしてくれたこと。そんなことをご両親が話す間、マサルさんはずっと照れくさそうにしていた。

食事どきになると、ご両親はお寿司の出前をとってくれた。お母さんは、届いた寿司桶の中からハマチを一貫取ると、サイドボードに立てられた写真の前に置く。生まれたばかりの赤ちゃんの写真だった。

「いつもこうやって、マサルとユウタにはんぶんこしてあげるの」

お母さんがそう言うので、ヨウコさんは納得がいった。

ふたりが愛し合うとき、マサルさんがヨウコさんのおっぱいを吸うと、いつも反対側の乳首まで吸われる感触がするのは、そのためだったのか、と。

おまえだよ

深夜――寝床にうつ伏せて本を読んでいたところ、顔のそばで声が聞こえた。

「ここ、幽霊が出るんですよ」

言いかえす前に気配は消えてしまった。

怖がるべきだったのかツッコむべきだったのか、いまでも悩んでいる。

村の鎮守の神様は

中学から高校にかけて、吉村さんは自転車で通学していた。

途中、鎮守の森がある。古い社と大木が見える。

吉村さんは必ず一礼してから前を通った。高校二年の夏、文化祭の準備に手間取り、帰宅がかなり遅くなった。

森の前を通りかかると、社の周辺に篝火が見えた。何年も通っているが、初めて見る光景だ。

篝火の周りの人々は全裸である。吉村さんは音を立てないように近づき、木の陰に隠れた。

殆どが見知った顔だ。中には同じクラスの女子もいる。リーダーらしき男の合図で、全員が一斉にお経を唱え始めた。

聞いたことのないお経である。それに合わせ、誰彼構わず性交を始めた。読経の調子が上がるにつれ、黒い煙のようなものが湧いてきた。

煙の中から、パチパチと弾けるような音が聞こえてくる。これ以上は見ない方がいい。本能がそう叫んでいる。

吉村さんはそっと森から離れ、自宅に逃げ帰った。翌日、登校すると、あの場所にいた女子が話しかけてきた。

「見たでしょ。君、祟られちゃったよ。左手から腐ってくるから」

驚いて自分の左手を見ると、中指の爪が真っ黒に変色していた。助かる方法は唯一つ、ヽヽヽヽとある何かを信仰すること。

今でも夏になると吉村さんは帰省し、鎮守の森で一晩を過ごしている。

結婚はできない。生涯独身である。家族を作ることは禁じられているからだという。

つぐない

伴江さんの顔には目立つ傷がある。引きつれた蜘蛛の巣状の瘢痕が左の頬を覆い、そちら側の唇の端が歪んでめくれあがっている。一八歳の頃に車に轢かれて、こうなった。

後遺障害等級七級の認定を受けた外貌醜状であり、加害者の男から約一千万円の慰謝料が分割で支払われるはずだった。

事故から五年後、男は全額を払い終えると、首吊り自殺を図った。三五歳。

一命を取り留めたものの、昏睡状態に陥り、快復の見込みが薄いという。

伴江さんと彼女の両親は男の代理人からこの報告を受け、数日前のことを想い起こした。

六月の深夜、彼が突然、家を訪ねてきて曰く。

「僕と結婚してください」

示談の交渉でしか接点がないはずの相手だ。蒼白な顔に箍の外れた笑みを浮かべており、尋常なようすではなかったので、父が力づくで玄関からドアの外に押し出した。

父は怖気をふるった表情で「お化けみたいだ」と述べた。なんでも、彼の体が異常に重く、また、驟雨の晩なのに髪や衣服がまったく濡れていなかったとか……。

だから首を括ったとわかると、遺恨ある相手とはいえ、自死を選ばせる原因となってしまったか、と父は苦悩を口にした。

しかし、彼が家に来たのは自殺未遂の後だったことが、やがて明らかになった。

そういえば、と彼女は記憶を蘇らせた。父が追い返すとすぐに二階の自室に駆けあがって、窓の外に彼の後ろ姿を探したのだが、雨脚（あまあし）が街灯を反射して銀色に輝くばかりだったのだ。

実は、示談の話し合いが持たれていた頃にも、彼女は、その頃、通院していた形成外科のタクシー乗り場で待ち伏せしていた彼から結婚を迫られたことがある。

「結婚して、僕に一生、つぐなわせてください」

逃げるようにタクシーに乗り込み、このことを誰にも話さず、三〇年の月日が流れた。

「あそこでプロポーズを受けていたら、どうなったんでしょう。あれと事故のときを除けば、彼が私のもとへ現れたのは、雨の晩から二週間後の明け方の三回だけです。ひやりとした感触を頬に受けて目を覚ますと、枕もとに立っていたんですけど、陽が昇るにつれて姿が淡くなって消えたので、ああ、今、亡くなったのだな、と……」

ピンクの象

「ピンクの象が、よく目の前を横切るの」

霊感が強いという葉子さんは、さらりとそう言った。

何か不思議な体験をお持ちでないかと尋ねたのはこちらだが、ピンクの象とは、少し突飛すぎはしないか。

そんな疑念が私の顔に出ていたのだろう。葉子さんは手をひらひら振ると苦笑した。

「もちろんクスリなんかやってないよ? ふとした時にね、家のリビングの壁からピンクの象が出てきて、また壁の中に吸い込まれていくってだけ」

脳裏にアメリカの人気アニメや、某製薬会社のキャラクターが浮かんだのだが。

「そんなかわいいモノじゃないな。リアルな象だけど、ただ全身がペンキで塗り潰したみたいにピンク一色なの」

聞けば、葉子さんが現在の家に夫婦で越してから、ピンクの象が不定期にリビングをのし歩くようになったのだという。その家で象を見るのは葉子さんだけらしい。

葉子さんにも、彼女の夫の人生にも象にまつわるエピソードはない。自宅に特記すべき瑕疵（かし）もなく、何故そんな物が出るのかは皆目わからない。

流暢に語っていた葉子さんが、そこで初めてためらう素振りを見せた。

「まあ、象はいいんだけど、後から来るもう一つのが、ちょっと……」

怪談取材の経験から、ここからが面白くなりそうだと直感する。

ピンクの象の他に何が出るのか、気色ばんで尋ねる私を葉子さんは軽く手で制した。

「こういうのは、あまり一度に話しすぎると良くないから。次の機会にね」

そう言われては仕方なく、私は取材を切り上げた。


葉子さんに取材して数日後のこと、彼女のメールアドレスから私宛にメールが届いた。

そのメールを開封した私は、衝撃を受けた。

メールは葉子さんの夫からで、彼女が急逝したのだという。

夫君は既に彼女の葬儀を済ませ、遺されたスマホの連絡先から生前交流のあった人へ順次知らせておられるということだった。

ピンクの象の後に、何が出たのか。それをもう彼女に訊くことは永遠にできなくなった。

彼女の死を悼むのは勿論なのだが、そのことよりも、謎に終わった怪異への執着が先立ってしまった自らの業の深さに、私はしばらく自己嫌悪に陥(おちい)った。

葉子さんのご冥福を、心よりお祈り申し上げます。

覚醒した日のこと

きっかけは高校生の時、文化祭で占いの企画に巻き込まれたことでした。

私、占いなんてしたことなかったのに「テキトーでいいから」と言われて、手相が見れるっていう設定で模擬店に立たされたんです。

他の皆はタロットとか星占いとか、もっともらしいアイテムを使ってそれっぽくこなしてたんですけど、私は手相だったので、もう最初から最後までずっとトークなんですよ。五十円だったかな、少ないなりにお金もとってたから、責任あるじゃないですか、もう必死になって、最初のうちは、あることないこと喋りまくりました。

そもそも手相なんて見方もわからないわけで、喋って喋って煙に巻くぐらいしかその場を乗り切る術がなかったんですね。だけど、やってるうちに、なんというか、わかるようになってきちゃって。生命線がどうとか感情線がどうとかっていうのではなくて、本当に「手の相」に良い悪いがあって、それがこういう風になってると多分こうなんじゃないかな？　っていう、手の平から物語が溢(あふ)れてくるみたいな、その感覚を掴んでしまったというか。

なので、それにしたがって思ったことを素直に言うようにしたら、実際に当たってることが多かったみたいで、店自体は大繁盛しました。

その日、あらかた終わりかけた頃に、私を占いの企画に巻き込んだ友人が「手相見てよ」って、笑いながら前に座ったんです。

もちろん彼女は私がズブの素人だって知っているので、冗談のつもりだったんだと思います。ただ私は私で、さっきも言ったように何か掴んじゃってたから、真面目に彼女の手相を見たんです、そしたら結構最悪で。どう考えても事故か事件に巻き込まれるみたいな、そんな風に見えました。だから真剣にそう伝えたんですけど、彼女は冗談だと受け取ったみたいで、楽しそうに笑ってましたね。ええ、彼女はそれから数週間後に亡くなりました、大きい事故で、テレビなんかでも報道されて……。

ホント、こういう言い方すると人格を疑われるかも知れないですけど、いうなれば彼女の死が、私にとってもの凄く自信になったんです、あ、やっぱりこれ合ってるんだって。

はい、なので今こうして占いで身を立ててます。

ゆび

役所勤めの深瀬さんは、広報の一環で地元にある古墳についてのフリーペーパー制作を任された。出土品を撮影した画像と専門家に頼んだキャプションのテキストをレイアウトしていると、須恵器（すえき）の皿と壺を写した数枚の画像の中に人の指が写り込んでいるものがある。サイズの比較にしては指の写りが大きすぎるし、ピントも合っていない。おそらく撮影者の指が誤って入ってしまったのだろうと判断した。

画像提供をしてくれた事務所に問題の画像を添付してメールで問い合わせると「こちらのデータでは写っていないのですが」と、元の画像を送ってくれた。たしかに再送されたほうに指は写り込んでいない。そんなこともあるんですね、と返信した。

その時に対応してくれた女性が急死したという報せがあったのは、先のメールのやり取りをした四日後。自宅で病死とのことだった。

指の写った画像の撮影者は彼女ではなく、写り込んでいた指は太く短い寸詰まりで、女性のものとも思えない。

写っていた指と亡くなった女性は無関係であろうと深瀬さんは考えている。

布団の飛距離

その晩、寝室で眠っていたEさんは、緑色の小人たちに自分の掛布団を剥がれ、思い切りぶん投げられる夢を見た。あまりに勢いのある夢だったため、ハッとして起き上がると、彼女の羽毛布団は部屋の端っこで投げ捨てられたように丸まっていたという。

その後、自室にて何度か布団を投げる実験をしてみたが、どうやっても部屋の端にまでは届かなかったため、あるいは緑の小人たちは実在していたのでは——と疑っているそうだ。

はこ屋

「名前の由来はわかんないんだけどな」

ヨシダが小学校時代、そんな名の駄菓子屋が踏切の真ん前にあった。

「ちっちゃな猫みたいな婆さんがひとりで座っていて。俺たちは店にあるプラスチックの笊（ざる）に欲しいものを入れて婆さんに勘定（かんじょう）して貰うんだ」

電球が二、三個下がっているだけの薄暗くて狭い店で電車が通ると激しく揺れた。

店には奇妙なルールがあった。午後三時頃になると十分ほど女の子は店に入れない。

「土日なんかだと外に出されちゃうんだ。男は良いの。女だけ」

当然、女子からは文句が出るが、ばあさんは駄菓子を只であげて宥（なだ）めていた。

「エビスドキだからって云ってたな。なんだかわかんないけど」

女の子を閉め出した婆さんは踏切に向かって座り直すと、手を二回打ち『はっ』と気合いを入れる。それでおしまい。その後は元の、はこ屋に戻るのだという。

ある日、客がヨシダひとりだった。そこへ若い女が入ってくると、ばあさんと口論を始めた。内容はわからないがお金に関することだったように思った。

柱時計がぼーんぼーんーぼーんと三つ打つ。いつもなら女の子を出す時間だが女は喧嘩を止めない。ヨシダは笊を置いて何も買わずに帰った。

翌日、踏切で大きな事故が起きた。立ち往生した車に電車が衝突し、乗っていた人が亡くなった。婆さんは踏切に花を手向け、ことあるごとに水を替えていた。

『あそこは昔、お墓だったのを鉄道会社が線路にするって他所に引っ越させたんだ。でもね、まだあそこには沢山の人がいるんだ。一杯手を伸ばしてちっちゃい子を掴んだり、車を押して邪魔したりしてる。誰だって静かに眠っているのを起こされるのは嫌だもんね』

あるとき、ポツリと婆さんはヨシダにそう云った。

『エビスドキだけお祓いができる』

いまもう婆さんはこの世にいない、はこ屋もない。

事故は往々にして起きている。

ためらいがちな

出来心で丑の刻参りをしたことがある——という女性に逢った。

原因は御多分に洩れず失恋で、呪った相手は元交際相手との由。

「ヒドい男と分かっていたんですけど、私って踏ん切りがつかないタチなんです。これまでの人生もこの性格で損ばかりしているのに、やっぱりそのときも諦めきれなくて」

焦れて、拗れて、悩んで、病んで。そのはてに、彼女は藁人形と金槌をたずさえ、深夜の神社へと忍びこんだのである。ところが——。

「おかしなもので、藁人形へ釘を打ちこんでいるうちに気持ちがだんだん醒めてきちゃって。こんな馬鹿げた真似をするより、私が前向きに生きていくほうが復讐になるな……そう悟ったんですよね。とっくに気づいてたはずなのに、本当に決断するのが遅くて」

彼女が寂しげに笑う。微笑につられて「その男性も命拾いしましたねえ」と冗談を口にするなり、「いいえ」と即答された。

「その後に死んだみたいです。人伝てに聞いたので死因は知らないし、興味もないですけど。ほら、私ってば優柔不断でしょ。止めようかなと思いつつ、釘を最後まで打っちゃったんですよ」

あれ、ちゃんと効くんですね。それを知ったことだけは収穫でした。

彼女が再び微笑(ほほえ)む。

愛想笑いを返そうとするものの顔がこわばり、うまく表情を作れない。

白い猫

ケンゴさんが道を歩いていると、植え込みに白い猫がいるのが見えた。

猫好きのケンゴさんは近寄ってみる。逃げる様子はない。

すぐ近くまで来たとき、近眼のケンゴさんにも、猫に見えたのはコンビニの白いビニール袋だとわかった。

ちっ、と舌打ちして袋を蹴飛ばす。

がさっ、という音のかわりに、ふぎゃあ、という声が聞こえた。

一服

猛さんは自宅のベランダで煙草を吸っていたら突然雷に打たれたように「自分はもうすぐ死ぬんだ」と思った。

死ななきゃならない、死ぬしかない、そうだ今すぐ死のうと思い手すりを乗り越えようとしたとき。目の前をさっと影のようなものが上から下へ通り過ぎていった。

しばらくぼんやり虚空を見つめたのち、我に返って地上を見下ろすと、遥か下の駐車場にうつ伏せに倒れている人がいる。

やがて人が集まって騒然とする駐車場に救急車が到着する頃には、猛さんは自分がなぜ飛び降りようとしたのかわからなくなっていた。

彼の部屋の二階上のベランダには、病気を苦に飛び降りる直前のその部屋の住人が、最後の一服をした跡が見つかっている。

ライトピンクの上履き

月に一度、ママ友数人とお茶会をするというユエコさん。誰かの家に集まって持参した菓子や飲み物をテーブルに広げ、一時間ほど歓談する。

その日は、はじめて招かれた家でのお茶会。みんなどこか、そわそわとしていた。というのも、この日に招いてくれたママ友のUは以前から深刻な家庭の問題を抱えており、みんな、彼女からたびたび相談をされていたのだ。

夫のDVである。

普段は家庭想いの優しい夫なのだそうだが、急に導火線に火がつくことがあるらしく、腕や足にできた内出血の痕を見せられたこともある。

ただ、この件に関しては最近、U側と夫側、双方の親族が動いてくれたらしく、両家が顔を合わせての幾度もの話し合いの結果、円満な解決ができた——という報告を彼女自身から受けていた。確かに以前と比べるとUは明るい表情を見せるようになっており、聞く限りでは彼女の夫も心を改めたようで、とりあえず家庭の問題はなくなったのだろう。だがそれでも、生々しい暴力の話をたびたび聞かされていたので、この部屋でそれが行われていたのかと思うとなんとも落ち着かない気持ちになるのだ。

そんな空気のお茶会が終わり、U宅を出てからユエコさんはみんなに問いかけた。

「ねぇ。あの上履き、なんだったのかな？」

玄関にあった、ゴム部分がライトピンクの上履きである。何があったのか、靴の中が泥だらけで、その泥汚れは三和土（たたき）にまで広く及んでいた。

問題は、Uの家に来た時には、その上履きはなかったということ。入ってすぐにDV夫の靴がないかと確認したので、それは確かだった。

だが、帰る時は泥だらけの上履きがあった。

子どもが学校から帰ってくる時間ではない。Uがわざわざ汚れた上履きを、なぜかみんなが帰るタイミングで置いたのである。だとすれば、あれはUのなんらかのメッセージということは考えられないか――そう思い至ったユエコさんは彼女の身を案じていた。

ところが、みんなはそんな上履きは見ていないという。

何を言っているのと怒った。あんなに存在感のある上履きを見逃すはずはない。

だが、みんなは首を横に振る。

じゃあ、上履きの幽霊を見たとでもいうのか。

でも、もしそうなのだとすれば――。

それはUの娘にとって、とても不吉なことに思えた。

企業秘密

佐山さんは、大型ショッピングセンターの警備員だ。

ある夜、研修中の新人が青ざめた顔で巡回から戻ってきた。トイレを点検して出ようとした途端、無人のはずなのに背後で水が流れたという。

佐山さんは小さく笑い、あれは定期的に自動で洗浄されるのだと教えた。

「えー、でも故障中ってドアに貼ってありましたよ」

予想通りの答えが返ってきた。北棟一階の女子トイレ、奥から二番目。一年前に首吊り自殺があった場所だ。

それ以来、どうやっても詰まるから便器そのものを撤去して扉を封鎖した。当然、水が流れるわけがない。

だがそれは企業秘密である。新人は知らなくても良いことだ。

マーライオン

山武さんの祖母の葬式に、見知らぬ老婆が紛れ込んでいた。

かつては黒かったのであろう、着古された薄墨色の喪服の老婆であった。

両親にそれとなく尋ねてみるが、老婆は誰の血縁でもないという。

年恰好から亡くなった祖母と同年代くらいなので故人の友人かとも考えたが、晩年は認知症でほぼ引きこもりになっていた祖母は人付き合いも絶えて久しく、遺族からとくに葬儀の通知も出していないので、どうにも妙だった。

精進落とし（しょうじん）の座敷で、その老婆は瓶ビールを次から次へとぐいぐい飲み干している。

すり足で老婆の背後から忍び寄った山武さんは、いきなり前に回り込んで話しかけた。

「あのぅ、おたくはどちらさんですか？」

山武さんがそう尋ねた途端、老婆は目を見開くと、ぴゅう！　とビールを勢いよく口から噴き出して消えた。

幻覚と思おうとしたが、空になったビール瓶が三本と、ビールがこぼれて染みのできた畳は現実だったという。

スパイダー

一九八二年二月八日未明に起きたホテルニュージャパンの大火災をご存知だろうか。

東京の赤坂見附交差点の付近に六〇年代から建っていた大きなホテルだったが、不見識な経営者が消防設備や防火対策をおろそかにしたために、宿泊客の寝煙草から出火した火災に打つ手がなく、死者三三名を出す惨事を起こした。

——それから一五、六年後のことだ。

二一歳の新米タクシー運転手が、都心で仕事をするようになった。タクシー会社に採用されて間もなく、研修期間を終えたばかりだ。高卒後に上京してきた地方出身者で、会社の地理テストに載っていない土地の俗称に疎く、毎日ヒヤヒヤしながら働いている。

そんな彼が、二月の未明に東京駅の近くで客を拾った。タクシー乗り場のある八重洲口から少し離れたところを走っていたら、道端で手を挙げている男がたまたま目に飛び込んだ。

ステンカラーのコートの下にスーツを着込んだ、サラリーマン風の中年の男だ。

「ミツケの交差点の、ホテルニュージャパンまで行ってくれ」

時刻は午前三時半を過ぎていた。彼は、ぞんざいな口のきき方をする深夜の乗客、ことに年輩の男は要注意だと短期間のうちに学んでいた。まず、酒に酔っている者が多い。

だが、酒の臭いはしなかった。ミツケが赤坂見附のことなのは、幸いすでに知っている。

道はとても空いていて、あっという間に赤坂見附交差点に到着した。しかし……。

「ないなぁ。なんだ、この空き地は？　とりあえず塀の周りを回ってくれ」

ニュージャパンというホテルを彼は知らなかったが、ここが大きなビルの工事予定地だということは一見してわかった。囲いに沿って道を辿り、一周して再び交差点に戻った。

——三周目で彼は音を上げた。

「お客さん！　申し訳ないけど、許してください！　お金は要りませんから」

降りてほしいと頭を下げたら、客は案外ごねもせず、あっさり車の外に出た。

そして道路に腹ばいになり、蜘蛛のようにシャカシャカと手足を動かしながら、囲いの途切れ目から工事予定地に素早く這い込んでいった。

あれから幾星霜（いくせいそう）。今やベテランドライバーの彼は、あのスパイダーマンのような動作は、火事の煙から逃れようと床を這いまわったときの再現なのでは……と思う、とのこと。

黒い救急車

古くはハーメルンの笛吹き男から日本の「油取り」、最近では「ヒラリー・クリントン議員がピザ店を拠点に幼児売買をおこなっていた」というピザゲート事件まで、子供の誘拐に関する噂は古今東西を問わず、絶えることがない。なかでもチェコやポーランドなど旧共産圏では、一九七〇年代から八〇年代にかけて「ブラック・ヴォルガ（黒い救急車）」という噂が広まった。真っ黒な救急車が子供を拐い、内臓や血液を盗んで西ヨーロッパの裕福な人々に売るというのである。

専門家によれば、この噂は「ソ連の社会主義崩壊による不安が根底にあったのでは」との話だが、騒動があまりに過熱したため、ついにはテレビ番組で黒い救急車の真偽が討論されるほどであったという。まもなく騒ぎは沈静化したが、他の国々へ形を変えて伝わった。以下は、その噂に翻弄された人々による【本当の出来事】だ。

二〇一八年、ルーマニアの女性作家、ドイナ・ポペスクは古い救急車をバンに改装し、自著の販売ツアーを行っていた（海外では作家自身が朗読やサイン会のために書店を回るのは珍しくない）。

ある夜、ポベスクがブカレスト近郊に救急車を停めていると、そこに数百名の住人がやってきて、彼女の車を取り囲んだ。住人たちはこの車こそが「黒い救急車」だと思い込んでいたのだ。

彼らは彼女をスマートフォンで撮影し、ナンバープレートを剥ぎ、勝手に救急車内に乗り込んだ。なかには彼女の顔にタバコを押し付ける者までいたという。やがて一人がトイレ用洗剤のポリタンクを見つけ「子供の血だ！」と叫んで車内を荒らし始めた。

まもなく現場に駆けつけた警察によって三人が拘束されたが、彼らはすぐに解放され、他の住人は何のお咎（とが）めも受けず「あの女を逮捕しろ！」と徒党を組んで警察署に押し寄せた。警察はポベスクに病院に行くよう促（うなが）したものの、彼女は「病院に暴徒が来るかもしれない」と治療を拒んだ。

事件を受け、ルーマニア内務省はフェイスブックに「黒い救急車は存在しません」と投稿したが、返信の多くは「隠すな」という内容の反論だった。

共同体を、なかでもことさら弱い子供たちを守るため、噂はときどき暴走する。しかし、その暴走で得られるのは歪んだ正義感だけだ。新型コロナで不安が蔓延している今こそ、奇妙な噂に惑わされないよう気を付ける必要があるのかもしれない。

ピシュタコ事件

「黒い救急車」でも触れたが、日本では明治時代、怪談じみた俗信「油取り」が流行した。何者かが子供を誘拐し、体の油を絞り取ると噂されたのである。明治維新のころには岩手県遠野で「油取りに子供が拐われた」との噂が流れ、日暮れ以降の外出禁止令が発布されたそうだ。

もっとも、人間から油を絞るという恐ろしい発想は日本だけに限らない。

ペルーでは「ピシュタコ」と呼ばれる白い怪物の伝承が語られている。ピシュタコは人間を拐って喉を切り裂き、殺したあとに脂肪を使って高級せっけんや薬用の軟膏を作ると信じられている。そう、日本の油取りはすでに廃れてしまった噂だが、ペルーのピシュタコはいまだに現役なのだ。

米国がペルーの児童に食糧支援プログラムをおこなった際は「子供を太らせ、ピシュタコに脂肪を搾らせるためだ」と誤解した住民が支援を拒否、また人類学者が訪れた時は「いちばん太った人間を選ぶのが目的に違いない」と信じた住民に調査を妨害されている。

しかし、ピシュタコにまつわる話でいちばん恐ろしいのは、以下の事件だろう。

二〇〇九年、ペルー警察は「臓器売買組織のメンバーが逮捕された」と発表した。警察によれば、彼らはピシュタコの伝説に着想を得て、アンデス地方の路上で農民や先住民を殺害、体から摘出した脂肪を瓶につめてヨーロッパへ送り、唇や皮膚などの美容用に化粧品メーカーへ密売していたのだという。警察が首都まで搬送されるコンテナに人間の脂肪が入っているのを発見、そこから容疑者のアジトを探り当てて踏み込んだ。現地ニュースでは、警察が撮影した突入の様子や、証拠を押収する場面が繰り返し放送された。

身が震えるような残酷きわまりない犯行だが、実はこの事件には驚くべき真実があった。なんと、人身売買組織は存在しなかったのである。実はペルー警察は事件の前年、四十人以上の人間を不法に殺害していた。その不祥事から国民の目を逸らすため、猟奇事件を捏造したのだ。捜査の結果、首謀者の犯罪取締局長は解任されたという。

ピシュタコは、先住民族が使うケチュア語の「ピシュタイ」が語源だとされている。ピシュタイは「首や喉を切り刻む」という意味で、アステカを侵略したスペイン人を指す言葉であったらしい。

つまり彼らが恐れていた怪物とは人間だったのである。それを思うと、今回の事件もピシュタコの仕業だと言えなくもない。空想の怪物より、人間のほうが何倍も残酷で利己的なのだ。

親等数

奇妙なハガキがヨシトさんに届いたのは、小学四年生のころだった。

差出人も宛名も同じ自分の名前が書かれていて、裏面には「4」とだけ書かれている。

届いた次の日、家に叔父さんから電話がかかってきた。妊娠していた叔母さんが死産したそうだ。

中学二年のとき、「5」と書かれたハガキが届いた。次の日、お祖父さんから電話がかかってきて、お父さんの従兄弟にあたる人が亡くなったと聞かされた。

大学に入り、レポートを書くため図書館で資料をあさっていたら、白い紙に「2」とだけ書かれたしおりがはさまっていた。次の日、お姉さんが居眠り運転のトラックにはねられて亡くなった。

就職して結婚もした三〇歳のころ、ひいお祖母さんが一〇二歳で亡くなった、と実家から電話がかかってきた。アパートの郵便受けを見ると「3」とだけ書かれた紙片が差し込まれていた。

四〇歳になったヨシトさんは今、お母さんが末期がんで入院しており、四歳の娘も、生まれつき心臓に重い病気があって入院している。

娘の病院へ行くため、車のドアを開けると「1」と書かれた紙片が舞い落ちた。
ヨシトさんは悩んだ末、お母さんの病院へ向かうことにした。
病室で何をすればいいか、もうわかっているつもりだ。

形見の鏡

Mさんは小学生の頃、亡くなった親戚のお姉さんの形見として手鏡を貰った。

ある日、その鏡から一本の長い髪の毛のようなものが垂れていることに気づき、何の気無しに引っ張ってみたところ、スルスルと際限なく出てくる。

どういうことなのかわからず怖くなった彼女は、鏡から出てくる髪を指に巻いたまま立ち上がり、その場を離れようとしたそうだ。

「そしたらプツンって切れたんです」

切れた時に舞ったものなのか、鏡には細かい血飛沫（ちしぶき）のようなものがついており、動転した彼女はその場で声を上げて泣いたという。

それに気付いた母親が慌てた様子でやってくると、ことのあらましを聞いた後で「ああ、今日は四十九日だったから、お別れに来たのね」としみじみ呟いた。

「そんなお別れあるんですかね？　すごく怖かったですよ、ほんとに」

どっち

元日の昼過ぎ、彼女はショピングモールの初売りへ赴いた。

ふと「去年の初売りはボーイフレンドと一緒に来たんだっけ」と思いだす。向こうから告白されて交際をはじめたものの、些細なことで自死をほのめかされるのにほとほと疲れて、別れを告げた。

そうだ——このモールこそ、ふたりで最後に訪れた場所ではないか。通路のまんなかで泣きながら「死んじゃうなあ、絶対に死んじゃうなあオレ」と連呼する彼を置き去りにして帰ったのだ。

さて、あの人は本当に命を絶ったのか。それとも、人間の形をした怨みが残留しているのか。

通路でこちらを睨む〈半透明の彼〉を見つめながら、どっちだろうと考え続けている。

笑み

メグさんの幼馴染（おさななじみ）に、きれいな黒髪を背中まで伸ばしたカツラという女の子がいた。とても仲が良かったのだが、親友にはなり切れなかった。彼女と二人でいると普通に会話をしたり遊んだりできるのだが、そこに他の人が入ってくるとメグさんは途端に話せなくなり、自分の存在を消してしまっていた。カツラは大人から「お人形さんみたい」と褒められるお姫様的存在。そんな彼女の横にいる自分は、ひどく地味でつまらない人間に思えてしまう。つまり、気後れしていたのだという。

「そうやって感情を分析できるのは大人になったからで、子どもだった当時の自分には当然わかっていませんでした。抱えた心のもやもやの正体を理解できないまま、それをそのまま彼女に言葉でぶつけてしまったんです」

そしてそれは、メグさんがもっとも望んでいなかった結果を招いてしまう。

忘れもしないという、小学五年生の冬。

カツラの家の玄関の前で彼女から突然、絶交を告げられた。

メグさんは何度も謝って仲直りを望んだが、カツラは家に入ってしまった。泣きながら立ちつくしていると、またカツラが家から出てきて、笑みを浮かべながら何かをメグさんにさし出した。メグさんの写った写真だった。二人で遊園地へ行った時、カツラが親から借りたカメラで互いに撮り合ったもので、メグさんはカツラの写真を持っている。

だが、その写真は変だった。メグさんの服の胸元に知らない大人の女の顔がプリント柄のように写りこんでいる。

なんて嫌なものを見せてくるのだろう。どうして二人の大切な思い出にこんな気味の悪いことをして台無しにするんだろう。あんなに何度も謝ったのに——。

ニヤニヤと自分のことを見ているカツラに激しい怒りが湧いてきた。

よほど、頭に血がのぼったのだろう。その後にかわした会話の内容はまったくおぼえていないそうだ。ただ、この日に二人の関係が完全に終わったことは確かだという。

「あの時に見せられた写真、今考えると意味がわからないんですよ。三十年以上も前の当時、画像の加工なんてできるわけないですし。カツラが嫌がらせのために作ったものとも思えないんですよね。それに、あの時にカツラが笑ってたのもおかしいですし。絶交された理由って、もしかしたらあの写真にあったのかもしれないなって——」

三途の川

子供の頃の松山さんは呼吸器が弱く、入退院を繰り返していた。特に酷かったのは十歳の時である。両親は担当医から、覚悟を決めて欲しいと言われたそうだ。その時、松山さん自身は不思議な場所を彷徨っていた。

両側に白い花が咲く道を歩いていくと、大きな川に辿り着いた。亡くなった祖母がよく話していた三途の川かもしれない。

話の最後に、祖母はいつもこう言った。

あたしぐらい年寄りになってから来なさいね、そうじゃなきゃ追い返しちゃうよ。

その言葉を反芻しながら顔をあげると、向こう岸に当の祖母がいた。思わず駆け寄ろうとした途端、祖母が微笑んだ。すぐ近くにいるように声が聞こえてくる。

「しょうがないねぇ、こんなに早く来ちゃって。さ、早くこっちに来なさい。お前はもう駄目だから。生きてても仕方ないから」

いつの間にか、祖母の隣に何人も立っている。全員が声を揃え、早くこっちに来いと手招く。

松山さんは必死に抗い、ようやく意識を取り戻したそうだ。

温度

悟郎さんは父親が火葬場で焼かれているとき、看病疲れから控室でうたた寝していたら、父親本人がひょっこり控室に現れた。

見覚えのある格子柄のハンカチでしきりに汗を拭きながら「なんか暑いなあ、暖房ちょっと下げられないか」などとぶつぶつ文句をたれている。

目が覚めると幼い甥っ子が悟郎さんの顔を覗き込んでいた。

「みんな暑くないのか？　おれだけなのかい？」

甥は老人の声で苦しげにつぶやくと、三歳児の顔にもどって鼻をすすった。

屋敷霊

その夜、寝苦しくて目を覚ました佐野君は、大広間のど真ん中に横たわっていた。

「俺んちは六畳一間のアパートのはずが、見たこともないレトロな部屋で寝てたんだよ」

彼は目が闇に順応するのを待った。まず疑ったのは、寝ているうちに何者かによって自分が何処（どこ）かへ拉致された可能性だった。

「でも、寝てた布団はいつものせんべい布団だったんだよな」

布団ごと、寝ている佐野君を他所（よそ）の家へ移動させることに、なんの意味があるのだろう。

夜目を凝らすと、天井には高級ホテルのような豪華なシャンデリアが吊り下げられている。天井の高さも三メートル以上はあるようだ。

「調度品が高級っぽくて、なんでこんな金持ちの家に連れてこられたんだろうと」

彼は布団から起き上がり、照明のスイッチがあるだろう壁際を目指したが、歩き出すなり右足の脛（すね）に衝撃を受けた。

「痛（いて）えっ！　なんだぁ？」

どうやら、部屋にあったローテーブルを蹴りつけてしまったらしかった。

「俺んちにはそんなでっかいテーブルは置いてないんで、やはり他所の家だなと」

気を取り直して進もうとしても、そこから進めない。見えない壁が歩行を妨げている。

「向こう側にソファーやら天蓋付きのベッドやらが薄っすら見えるんだけど、そっちへは行けないんだな、これが」

佐野君が移動できるのは、いつもの住居たる六畳一間ぶんのスペースだけらしかった。

「その辺りでわかった。ああ、これ夢だろって。こんなことあるはずがないだろって」

夢の中にいると思い込んだ佐野君は、そのまま布団に戻って眠ることにした。

「朝、起きたらいつもの俺の部屋だったんだが。右足にでっかい青タンができてさ」

右脛の皮下出血は寝る前にはなかったものだ。彼のせんべい布団の周囲には小さなちゃぶ台があるだけで、ぶつけて打ち身ができるほどの立派な家具などなかった。


その後、それとなくご近所の人に尋ねたところ、彼の住むアパートの住所には、かつて立派な屋敷が建っていたらしい。

「医者の豪邸が売りに出されて、建物は古いんでぶっ壊して、その土地を分割してアパートと宅地にしたんだと」

あの夜に迷い込んだ豪勢な部屋は、当時の医者の屋敷が何かのはずみで再現されたものだったのではないか、と佐野君は話を結んだ。

ママの怨み

吉晴さんが小学三年生のとき、同居していたミカさんが自殺した。

彼女は、彼の母がホステスをしていたクラブの雇われママだった。雇われと言っても経営者はミカさんの夫だから身分は安泰で、何を悩んでいたのかわからないと誰もが言った。

ミカさんがしつこく浮気を疑うせいで夫が家を出ていったとか、長旅に出ていると母から聞かされていた自分の父が元ヤクザで、母は父と手を切ろうとしてママであるミカさんの住まいに子連れで転がり込んだのだとか、一連の事実を吉晴さんが知ったのは、彼が大人になってからのことだ。

ミカさんには彼と歳の近い子どもが二人いたから、生活はにぎやかで楽しかった。

ともあれ、小学校が冬休みに入って間もないある日の夜、ミカさんの夫や子どもたちも含めたクラブの関係者全員で街の食堂に集まって、鍋焼きうどんを食べた。忘年会のつもりだったかもしれない。その後、ミカさんは店を見てくると言ってみんなと別れた――そして真っ暗なカウンターの内側で、ガス管を口にくわえて元栓を捻った。

お葬式の後、母は彼を連れて、祖母が独居していたアパートに引っ越した。

すると間もなく、祖母が「知らないオバサンの幽霊が出る」と訴えはじめた。

祖母によると、それは姿見に映ったり、巨大な顔だけになって天井から現れたりした。天井から出てきたときは顔が五つに分裂して輪になると、グルグルと回転したのだという。

その女はミカさんに違いないと母は言い、ミカさんと子どもたちが写った写真を祖母に見せた。そこには、子どもらの隣に、鬼火のような橙色のシミが浮かびあがっていた。

「前は、こんなん無かったのよ。ママが死んでから、肩が重うて、気分が悪うて……」

と、母は気怠そうにこぼして、昼夜問わず蒲団に横たわっていることが多くなった。

そんなとき、ミカさんの夫が電話で早くも再婚したと知らせてきたが、そのついでに「仏壇のミカの位牌が、指一本触らんのに、日になんべんも倒れる」と母にこぼした。

この電話から間もなく、祖母が、近所で拝み屋をやっているおばあさんを引っ張ってきた。

拝み屋は御祈祷をし、ミカさんのような声色で「あの晩、ひとりで店に行くと言えば誰か心配してようすを見に来てくれると思うたら、誰も来んかった」と恨み言を吐いた。

すると次第に怪奇現象が間遠になり、一周忌を迎える頃にはすっかり止んでいた。

死を呼ぶマクベス

シェイクスピアの「マクベス」は、スコットランドに実在したマクベス王が魔女にそそのかされて没落する物語である。一六〇〇年代前半に書かれて以降、数えきれないほど演じられたこの作品には、非常に忌まわしいジンクスが存在する。この演劇に関係する者はセリフを除いて、絶対に「マクベス」と口にしてはならず、作品の名を他人に告げる場合はスコティッシュ・プレイ（スコットランド芝居）と言わなくてはならないのだという。では、口にした人間に何が起こるか、例を紹介しよう。

一九三七年、ロンドンのオールド・ヴィック劇場で「マクベス」が上演された際は、劇場支配人であるリリアン・ベイリスがリハーサル中に謎の死を遂げている（劇場はその後も彼女の肖像画を飾っていたが、五四年に再演された際、その絵は床へと突然落下した）。四二年には俳優三名が急死、衣装を担当していた男性も自殺。四八年には出演中の女優ダイアナ・ウィンヤードが舞台から五メートル下の客席に落下して負傷。五四年にはセットが炎上（火災の場面で本当に火がついたのだ、火の気など無かったのに！）、映画「ベン・ハー」で知られる俳優チャールトン・ヘストンが足と股間に重度の火傷を負っている。

六四年にリスボンの国立劇場で上演した時も謎の火災が発生、劇場は全焼してしまった。きわめつけは八八年。ニューヨークで上演中、歌手のバンチョ・マンチェフスキーがバルコニーから二十五メートル下のオーケストラピットへ転落、即死した。すべてを目の当りにした観客席は大騒ぎになったという。

このジンクスは、シェイクスピアが作中に本物の呪文を書いたためだとも、または魔女が自分たちの描かれ方に怒って呪いをかけたためだとも言われている。また、初演の際に格闘シーンで俳優が本物の剣で刺され死んだのが原因だという話や、初演でマクベスの妻を演じた少年が急死した所為だとの主張もある。

では、ジンクスを回避する方法はないのだろうか。ロイヤル・シェイクスピア・カンパニー劇団では、「マクベス」と口にしてしまった俳優は劇場の外へ出て、時計まわりに三度まわって、劇場の中から誰かに「お入りなさい」と言われるまで入ってはいけないという決まりがある。これを行うとマクベスの呪いから解放されるのだとか。なんとも不可思議なおまじないだが、現在でも俳優や劇場関係者はこの方法を頑なに守っているらしい。信じる者がいるかぎりジンクスは生き続けるのだ。

ブードゥー・マクベス

もうひとつ、「マクベス」にまつわる奇妙な出来事を紹介しよう。

『第三の男』や『市民ケーン』などの映画で知られる俳優のオーソン・ウェルズは一九三六年、「ブードゥー・マクベス」という芝居の演出を手がけた。この作品は、物語の舞台をスコットランドからブードゥー教が信仰されているハイチに変更し、役者も全員アフリカ系アメリカ人をあてる斬新な試みで大変な評判となった。

しかし、ヘラルド・トリビューン紙（現インターナショナル・ニューヨーク・タイムズ）の評論家パーシー・ハモンドだけは「黒人をキャストにするべきではない」と否定的で、舞台を観賞後も「セリフが聞き取れない」と難癖をつけた。批判の根底に差別意識があるのは、誰が見ても明らかだった。その態度に怒ったのが、キャストの一人であるアフリカ人ドラマーだった。彼はハモンドのための人形を作ると、その体に幾つもピンを刺して祈りを捧げた。典型的なブードゥーの呪いを行なったのである。

するとそれからまもなく、ハモンドは謎の激痛に見舞われ、苦しんだすえに死んでしまった。この出来事は、当のウェルズ自身が自著で語っている。

やはり「マクベス」には不思議な力があるのかもしれない。

のりかえ

　サークルの同期が「俺の部屋、出るんだ」と、青い顔でこぼす。

「バイトを終えてアパートまで戻るだろ。で、ドアノブに手をかけると、誰もいないはずの室内から〝おえい〟って聞こえるんだよ。人間の真似して〝おかえり〟を頑張ってみました、って感じの声。たぶん女だと思う。ちょっと嬉しげな口調でさ。まあ、こっちはちっとも嬉しくないんだけど」

　彼があまりに悲壮な顔をするもので、なんだか好奇心に駆られてしまい「なあ、今夜お前んとこに泊まるわ」と、半ば強引に同期の部屋へ押しかけた。

　けれども、声はしなかった。

　ドアを開けたときも、部屋に入ってからも、声どころか気配すら感じられない。耳をそばだてつつおしゃべりに興じるうち、とうとう明け方となってしまい、しぶしぶ帰ることに決めた。

　落胆しながら薄暗い道をとぼとぼ歩き、アパートへ辿り着く。ポケットから鍵を取りだしてドアへ差しこむと同時に「おえいおえいおえい」と嬉しそうな声が三度、部屋の奥から届いた。以来――卒業までの二年間、声は毎日聞こえ続けた。

伝染（うつ）すな

三〇年余り前までホストクラブに勤めていたという幹也さんから、昔話を伺った。

彼は私と似たり寄ったりの年輩で、画家、家業の不動産会社の跡取り、起業家としての経歴が長く、現在の風貌からは夜職に就いていたことがあるとは思いもよらなかった。

ホストだった頃は派手な車を乗り回し、頻繁に深夜のドライブに興じていたという。

また、当時は風変わりな年上の女性と恋愛していた。

何が変わっていたかといえば、彼女は自分には霊感があると述べながら、幽霊がいる場所へしきりに案内したがったというのだ。

これを聞いて私は「心霊スポットや肝試しが好きな人だったんですか？」と訊ねた。

しかし、彼は「いいえ」と否定した。

「肝試しなんてしませんでしたし、行くのも、誰も知らない場所ですよ。たとえば、東京の足立区綾瀬にある歩道橋。そばに交通事故多発地帯の看板が置かれていて、菊の花束が供えられていましたが、ご存知ないでしょう」

ようするに、街角で彼女が霊感によって感知し得た場所である。

夜更けのドライブで、そういう所へ彼を誘って、「幹也ちゃん、何か視（み）える？」と質問するのが常だったそうだ。

「僕には何も視えませんでした。霊感なんて信じていませんでしたし……。ところが、そう、その綾瀬の交通事故多発地帯で、彼女はいつもと同じ質問をしながら、僕の肩にさりげなく手を置いたんです。掌が肩先に優しく置かれて……すると、突然、そこのガードレールの上にズラッと並んだ生首が出現しました！」

生首はどれも作り物とは思えず、江戸時代の晒し首を彷彿とさせた。おまけに、首を小脇に抱えた初老の男が歩道の端に立ち上がると、ふらつく足取りで車の方へ近づいてきた。

「ギャアッと叫んじゃいましたよ。危うく事故るところでした。……それから、毎日視えるようになってしまいました。昼夜問わず幽霊がいれば場所がどこでも視えるので、神経が休まるときがない。白髪は出るわ、げっそり痩せるわ。慣れるのに一〇日以上かかりました」

以来、幹也さんも霊感持ちになったのだという。

彼に触られないように用心しよう、と私は密かに思った。

古民家の解体

数年前、A氏は築百年を越える古民家を購入した。

「田舎の物件だったから驚くほど安く手に入ってね」

セルフリフォームに挑むべく、週末になると泊まりがけで作業に没頭したそうだ。

「遊び半分だよ、何年かかっても構わないぐらいの気持ちで」

残された古い家具や農機具など、いらない物品を棄てるだけで一苦労、家そのものに手を出せるようになるまでに半年を要したと語る。

「ゴミ捨てるのにトラックで何回も行ったり来たりしてさ。だから壁や天井なんかの解体を始めた時には嬉しかったな」

しかしその頃から、妙な夢を見るようになった。

「女の子がさぁ『痛い痛い』って泣くんだよ」

小学校低学年ぐらいの、幼い顔立ちの人物だったそうだ。

「土日は一人で古民家に泊まって作業してたから、ほんと気味悪くて」

家の解体が進むにつれ、女の子はより強く泣き叫び、全身に甚(はなは)だしい損傷を被った姿でA氏の夢に現れた。

「ちょっともう見ていられないぐらい、夢の中とは言え酷かった」

あまりに凄惨なその姿に耐え切れず、A氏はリフォームを中断した。

「どういう関係があるのかわからないけど、俺が家に手を出すたびに女の子の状況が悪くなるわけだから、そりゃ考えるよ、これ以上やったらマズいんじゃないかって」

古民家と夢の状況が連動しているのだとすれば、リフォームが済む頃には彼女の傷も癒えるのだろうか？　そんなことを考えもしたが、何年先のことになるか見当もつかない。

「その間、ずっとあんな夢見せられたんじゃこっちが持たないから」

A氏は近くの神社にお祓いを依頼し、業者に頼んで古民家を取り壊してもらった。

「うん、ちゃんと神事も終えたんだから大丈夫かと思ってたんだけどね」

古民家が重機によって潰された晩も、彼は夢を見た。

「俺の目の前に、赤黒い肉の塊みたいなのがボチャッと落ちてんだ」

それは、もう泣き叫ぶこともなく、ホカホカと湯気をあげるのみ。


今も、時々、夢に出るのだとA氏は言う。

真ん中の人

二十代の頃、田倉さんは一人旅にはまっていた。

ある年の大型連休の初日。その日から予定していた旅では、巡りたい場所がたくさんあった。だから朝のうちに現地に着いておきたくて、まだ外が薄暗い明け方に起床した。

前日に旅支度は済ませてあるので、顔を洗ったらもう家を出るくらいの心づもりだった。

両親はまだ寝ているだろうから声がけはせずともいいかと思ったが、父親は時々早く起きていることもある。玄関に向かいがてら途中にある両親の部屋を覗いていった。

睦（むつ）まじく布団を並べて寝ている、父と母。

その二人のあいだに、もう一人分のシルエットがある。

――客が来ていたのか。まったく気がつかなかったな。

しかし、他にあいてる部屋はあるだろうに、同じ部屋で、しかも夫婦のあいだで寝させるなんて、いったいうちの親は何を考えているんだろう。

苦笑しながら、客が誰なのかぐらい確認しておこうとそっと部屋に踏み入る。

「秀ちゃん？」

母親が起きていた。

「なんだ、起きてたの」

その人だれ？　そう訊こうとして、田倉さんは気づく。

部屋にいたのは、母親一人だけだった。

この日、父親は夜勤でまだ帰宅していなかったのだ。

母親が怯えていた。昨晩からずっと部屋に人の気配を感じていて、朝まで眠れなかったのよと声を震わせる。

一緒に寝ていた二人はだれなのか。どうやら心当たりはあるらしいが、話せるようなことではないといって母親は口をつぐんだ。結局この謎について語らぬまま、母親は五年前にこの世を去った。

村一番の霊能者

シゲオさん一家では、昨年にはお祖父さんが卒中で亡くなり、伯父さんの経営する会社が詐欺に遭って倒産し、今年は妹が夫に殴られて怪我をし、お父さんが腰の骨を折って入院するなど、凶事が相次いだので、お祖母さんの実家で昔から頼りにしているという霊能者を呼んで、お祓いをしてもらうことになった。

本家に一族全員が集まり、お祖母さんと伯父さんに連れられてやってきた霊能者は、黒いスーツ姿の中年女性で、一見すると法事にやってきたごく普通の主婦に見えた。

シゲオさんは、霊能者と聞いて山伏みたいな人を想像していたが、本物は意外にそういうものなのかもしれない、と思った。

霊能者は、庭を一瞥すると、小さな花壇を区切っている石を指して「あの石がよくない。男の方の手でどけてください」と言った。シゲオさん、伯父さん、伯父さんの息子二人、合わせて四人がかりで、小さな石をすべてどけると、霊能者はそれを水で洗い、元の場所に戻すよう指示した。シゲオさんたちが言うとおりにすると、霊能者はそこに塩を盛り、合掌し、数珠をじゃらじゃらと鳴らせながら何やらお経のようなものを唱え始めた。

お祖母さんが掌を合わせて黙祷（もくとう）していたので、みんな同じようにする。

よく聞いてみると、霊能者は「かしこみかしこみ」と言っていた。お経ではなく祝詞だったようだが、くわしい区別はシゲオさんにもよくわからなかった。

このお祓いで、謝礼をいくら払ったのかは、お祖母さんにいくら訊いても教えてもらえなかった。

翌年、お祖母さんと伯父さんは相次いで首をくくって亡くなり、霊能者が住んでいた豪邸もいつの間にか更地になっていたという。

残された写真

その日、矢野さんは祖母の遺品を整理していた。押入を片づけていると、奥に化粧箱があった。蓋(ふた)を開けて驚いた。入っていたのは写真の束だけである。そのすべてが同じ物を写していた。この家の仏壇だ。

どうやら同じ位置から撮影したらしく、全く同じ構図の写真だ。

他の写真は無いか調べていくうち、妙なことに気づいた。

豪華な仏壇である。一人ではとても動かせないぐらい大きく、重い。

それなのに写真の中の仏壇は、頻繁に向きを変えている。写真の下に日付と時刻が印字されているため、分刻みで動いているのが分かる。

何枚かは真後ろを向いているものもあった。

祖母は華奢(きゃしゃ)な人だ。動かせるはずがない。どういうことだろうと考えこむ矢野さんの背後で、何かが軋(きし)む音がした。

振り向くと、仏壇が真横を向いていた。

近況

多部くんは休日に新宿を歩いていたら元上司のYに会った。

いろいろ嫌なことがあって辞めた職場だから無視しようかと思ったが、目が合ったらむこうから会釈してきた。

なのでしかたなく会釈を返して「ひさしぶりです、最近どうですか?」と声をかけると、

〈ぐっすり〉

そう頭の中で声が響いて、元上司は目の前から消えていた。

Yが大病に倒れて何年も意識不明の状態だという話を、のちに多部くんは風の便りに聞いた。

復讐の叫び

遠くの町に住む友だちを訪ねたサオリさんが、その町のよく知らない道をふたりで散歩していると、ふいに嫌な気分に襲われた。このまま真っ直ぐ進んではいけない気がして、次の角を左に曲がると、嘘のように気持ちが晴れた。しばらく進むとまた嫌な感じがしてきたので、また曲がると、やはり嫌な気持ちはすっと去っていった。

彼女の家に泊まったその夜、サオリさんは夢を見た。

河川敷のようなところで、知らない女が、知らない男をナイフで滅多刺しにしていた。血まみれの男が動かなくなると、女はガソリンのような液体をかけて火をつけた。炎が燃え上がる様子を、サオリさんは特に怖いとも思わず、当然だという感じで見ていた。

目が覚めてから、気になったのであの道の周りをスマホの地図で調べると、その先には川があり、そこで昔、暴行され扼殺（やくさつ）された女性の遺体が発見される事件があったことがわかった。

事件は未解決のまま時効になったそうだ。

三味線が聞こえる

H君自身には特別何か、見えたり聞こえたりすることはないのだという。

ただ、どうも彼の側で、三味線の音を聞いてしまう人たちがいるらしい。

小学生の頃から続いており、社会人になった現在もたびたび「あれ？　何か三味線の音が聞こえない？」と訊ねられるそうだ。

今のところ誰もそれをH君と結び付けて考えることは無いようだが、彼自身は「どうもやっぱ自分が怪しいと思うんすよ」と言っている。

引き寄せ峠

葡萄の産地で知られる山梨県甲州市の秋は見事だ。錦繍の山と渓谷、鳶が鳴く蒼穹は雲ひとつない。おまけに旬の果物と特産の勝沼ワインも愉しめる。温泉まであり、至れり尽くせりだ。

埼玉県の和眞さんが彼女と行く初めての旅行先に紅葉シーズンの甲州を選んだのは、そんな理由に付け加えて、ドライブするのにちょうどいい関東圏内の観光地だったから。国道沿いのラブホテルに泊まれば宿泊費も抑えられる。一泊なら車中泊も可能だろう。二人とも若くて好奇心旺盛だった。塩山地区の大菩薩峠付近に温泉地があり、移動中、和眞さんが地図で場所を確認していると、彼女が「そこから花魁淵も近そう」と述べた。戦国時代、その辺り一帯には甲斐武田家の隠し金山があり、坑夫や遊女が集められていたが、閉山が決まると、金山の秘密が露見することを恐れ、遊女ら五五人を殺害した。

「藤蔓で吊った宴台で踊らせて、舞いの最中に蔓を切って淵に落としたんですって」

彼女の解説を聞きながら黄昏の峠道で車を転がしていたら、いつのまにか真っ赤なオートバイが前方を走っていた。如何にも峠の走り屋らしい、レーサーレプリカ・タイプだ。みるみる引き離された……と思いきや、次の大きなカーブを抜けたところに赤いバイクが横倒しになっていて、かたわらに血塗れのライダーが棒立ちになっていた。

ヘルメットの顎紐を片手に提げ、頭から鮮血を噴き出している。顔はまるで赤鬼。胸もとまで朱に染まっている。魂が抜けたかのように虚ろな表情で、こちらを見ている。

「おい、大丈夫か！」

和眞さんは車を停めて大声で呼びかけた。ところが、急いで降りようとしたそのとき、彼女がバタンとシートを倒して、腹ばいに突っ伏した。急に異様なことをする、と目を剥いた途端に、彼女はうつ伏せのまま激しく泣きわめきはじめた。

「怖い怖い！　そ、その人、透けてる！　体が透けてるの！　ここから早く逃げて！」

慌てて車を出すと、ほどなく片側通行の標識が見えてきて、崖崩れの跡があった。すると今度は、パイロンの列の向こうから、無人の青い大型バイクが車道へ躍り出した。

誰も乗せずに走り去るバイクを追い越した瞬間、中年の男が飛び移ってきて、リアウィンドウにしがみついた。震える手でハンドルを握り直し、しばらく運転を続けた後にルームミラーを覗くと男は消えており、彼女は泣き疲れたのか、穏やかな寝息を立てていた。

顔マスク

千愛さんは新型コロナ対策として、外出時に必ずマスクを着用している。

「不思議な体験ですか？　霊とかじゃなくてもいいなら、一つあります」

そう断りを入れてから、彼女は語り始めた。

コロナ禍の続く今冬、彼女が仕事帰りに駅から歩いていたときのこと。

駅前商店街を通りすぎて住宅街に入ると、いつもなら人通りがほとんどなくなるのだが、その日は前方に歩行者の姿があった。

街灯に照らされたその人物の顔を視認したとき、すぐさま千愛さんは嫌悪感を抱いた。

「その人、マスクしてなかったんです！　外では空気の流れがあるからマスクは要らないって説もあるけど、やっぱり近くを通られると心配ですから」

ノーマスクで歩いているのは、総白髪の男性だった。

「マスク警察じゃないけど私、このご時世にマスクしない人を見るとイラッとしますね。周りへの配慮が足りないと思うんですよ」

すれ違いざま、非難を込めて千愛さんは男を睨(にら)みつけた。

すると男の顔の下半分から白い長方形の物が浮かび上がり、鼻と口が見えなくなった。

「その人の顔の中……顔の下？　から、スッと白いマスクが滲み出てきたようでした」

肌寒い夜のこと、その男は両手をずっとズボンのポケットに入れたままで、手でマスクを装着する素振りは見られなかったという。

息をのんで立ちすくむ彼女を一瞥もせず、男はゆったりとした歩調で遠ざかっていった。

「その人自身は普通の人だと思うんですよ、街灯に照らされて、足元に影もちゃんとありましたから」

その夜の男は〈人間〉だったと主張する千愛さんだが、光に照らされて影ができ、実体があるからといって人であるとは限らないだろう。

「私が見たのは何なんでしょう。こういうのも、怪談になるんでしょうか？」

コロナ禍が続く限り、このようなマスク怪談が増えていくのかもしれない。

入鹿池(当夜)

愛知県犬山市の入鹿池は、昼はわかさぎ釣りのメッカ、夜は心霊スポットとして人気があるそうだ。少なくとも、幹也さんが名古屋でホストをしていた三〇年前には、深夜になると近隣から肝試しの若者が押しかけていた。

彼と遊び仲間、合わせて六人が、車二台に分乗して訪ねたのも、八月の午前零時のことだった。彼はホストで食いつなぐ駆け出しの絵描きで、仲間も優男ばかりだったから、暴走族など荒くれた輩が先に来ていたら、とっとと逃げるつもりでいた。

到着して間もなく、ひとけのない池の畔をそぞろ歩いていたところ、背後からつけてくる足音に気づいた。最初は仲間の足音かと思っていたが、幹也さんはしんがりから二番目を歩いており、後ろの奴を振り返ったら、そいつも後ろを振り向いたところで……。

「おい」と声を掛けると弾かれたように、血の気の失せた顔をして、前へ向き直った。

そこで、そいつの後ろを透かし見たところ、大勢の人影が足早に迫ってくるではないか。

二〇人ではきかない。もっといる。三〇人か、四〇人か……。

咄嗟に暴走族だと思い、「逃げろ!」と彼は叫んで、前の奴らを巻き込んで走りだした。

ひと塊になって駐車場へ急ぐつもりが、途中で散り散りになってしまい、彼も気づけばひとりになっていた。それと同時に、追手が静かすぎることにハッとした。族は騒がしいものだ。変だな、と、後ろを向いて確かめると、首がない者、顔がグニャリと歪（ゆが）んでいる者、半透明の者など、面妖な者たちの集団が目に飛び込んできた。悲鳴をあげて駐車場に駆け込み、車に乗り込んだ。仲間たちも次々に逃げてきた。ひとりだけ、戻ってこない。幹也さんのすぐ後ろを歩いていたあいつだ。

まんじりともせず駐車場で夜を明かし、朝、手分けして池の周囲で探した。見つからないので、「先に家に帰ってしまったのかもしれない」と誰かが言いだした。帰宅していなかったら警察に届け出ようと話し合って、みんなでその男のマンションに行ったら、同棲中の彼女が出てきて、「彼ならどこにも出かけていない」と証言した。そのうち眠い目を擦（こす）りながら彼も戸口に現れて、「ずっと寝てた」と言った。

そんな馬鹿な……。信じがたい気持ちだったが、入鹿池で撮った写真を現像に出してみたところ、そいつはどこにも写っておらず、幹也さんたちはあらためて恐怖に慄（おのの）いた。

入鹿池（後日）

六人で肝試しに訪れた入鹿池で、幽霊と思しき集団に追い回されたあげく、仲間のうちひとりが実はその場にいなかったことが判明した——この一件を私に話すにあたり、幹也さんが当時の仲間に連絡を取ったところ、思わぬことがわかったという。

この肝試しから間もなく幹也さんはホストを辞めて名古屋を離れてしまい、同道していたはずなのに写真に写っておらず、本人とその同棲相手が揃って「家で寝ていた」と主張した男のその後については、何も知らないまま今日に至っていた。

今回連絡した仲間は、あれからも名古屋に住んでいて、その辺の事情に明るかった。

「そこで詳しく教えてもらったんですが……」と語る幹也さんの声には驚きが露わで、かすかに震えていた。

「あの朝、僕たちをマンションの玄関に迎えてくれた女の子と彼は、あれから間もなく交通事故で亡くなったそうです」

「えっ？　同棲していた彼女も、ですか？」

「ええ。二人とも即死だったそうです。それだけじゃありません。その事故と前後して、彼の実家が火事になって、両親と弟もお亡くなりになったそうです」

拒絶反応

敏彦さんは二十三歳で結婚したが二年後には離婚している。妻の浮気が原因らしいが、浮気相手が僧侶だと知る前から敏彦さんは寺院の前を通るだけで具合が悪くなり、境内に足を踏み入れると途端に吐いてしまう、ということが度々あった。

全然大丈夫な寺もあったのだが、具合の悪くなったほうの寺はいずれもその浮気相手の僧侶と同じ宗派だということが、のちに判明した。

映画は事実よりも奇なり

商業映画の多くは、私たち観客を楽しませるフィクションに過ぎない。しかし、時にそれは予言となり、時に奇妙な偶然となって、我々を映画以上に驚かせてくれる。

◆アメリカの俳優、フランク・モーガンは一九三九年公開の映画『オズの魔法使い』で魔法使い役を演じる際、これぞという衣装を見つけるために古着屋を訪れ、一枚のコートをなんとなく購入した。

ところが、撮影が始まってからモーガンがなにげなくコートの内ポケットを見たところ、そこには『オズの魔法使い』の原作者、ライマン・フランク・ボームの名前が刺繍されていたのである。時を経て、原作者の形見が現場を見学に訪れたというわけだ。

◆一九七九年に公開された『チャイナ・シンドローム』はジェーン・フォンダ演じる主人公のテレビキャスターが原発事故を目撃し、隠蔽（いんぺい）しようとする経営者たちと闘うというストーリーである。

公開当時、アメリカの原子力産業はこの映画を不満に思い「的外れな、全くのフィクションだ」と表明した。しかし公開からわずか十二日後、ペンシルベニア州スリーマイル島にある原子力発電所で大規模な事故が発生。映画とおなじ事態が、あまりに奇妙なタイミングで起こったのである。

◆ロバート・ゼメキス監督の人気シリーズ『バック・トゥ・ザ・フューチャー』の第二作では、マイケル・J・フォックス演じる主人公マーティーが、二〇一五年のアメリカで「シカゴ・カブスがマイアミの野球チームと戦い、ワールドシリーズで全勝する」というニュースを聞いて驚く場面がある。これは、ある種のジョークだった。当時のシカゴ・カブスは、一九四五年以降長らくリーグ優勝すらできなかった弱小チームで、おまけにマイアミにはメジャーリーグの球団が存在しなかったからだ。

だが一九九三年、マイアミにメジャーリーグ球団のマーリンズが誕生、おまけにシカゴ・カブスは映画の舞台となった翌年の二〇一六年に優勝した。はからずもジョークが真実となったのであった。

◆『マンデラ　自由への長い道』は、南アフリカの指導者であるネルソン・マンデラの伝記に基づいて製作された映画である。世界最初の上映は二〇一三年九月、カナダのトロント国際映画祭だった。そして十二月五日にはロンドンでもプレミアが行われた。

しかし、この映画が上映されようとしていたまさにその時間、当のマンデラは亡くなったのである。映画祭に出席していたマンデラの娘たちの意向により、訃報は上映後に報告された。その日の観客はエンドロール後に、本当のラストシーンを体験したのだ。

宅飲み

浅田さんの勤務先に吉住という新人が配属された。

新人といっても、五十代後半の男性だ。

吉住は愛想が良く、仕事も丁寧で、たちまち職場に溶け込んだ。歓迎会が計画されたのだが、吉住自身が断ってきた。

酒が飲めないわけではない。店が苦手なだけで、自宅なら幾らでも飲めるという。それならばと職場の同僚が吉住の家に乗り込み、宅飲み会が設けられた。

言葉通り、たちまち一升瓶が何本も空いた。しばらくして、浅田さんは吉住の背後にいる中年女性と幼い姉妹に気づいた。

挨拶しようと口を開いた瞬間、本能的に分かった。

これはこの世の者ではない。その場にいる誰にも見えている様子がない。

「よし、まだまだこれからだ。もう一本持ってくるわ」

中年女性と姉妹は、吉住の背後から離れようとしない。その顔は憎悪に満ちている。

思わず視線を逸らす浅田さんに、吉住が囁(ささや)いた。

「あんた見える人か。大勢で飲むとこれやから嫌やねん」

後日、吉住は飲酒運転で会社をクビになった。
業務上過失致死傷罪の前歴もあったらしい。
二十歳の頃、飲酒運転で幼い姉妹とその母親を轢(ひ)き殺していたとのことだ。

喜びの家

近所に〈顔の出る家〉があると彼は言う。

「最初、打ちっぱなしのコンクリートの壁に、ぽつんと顔が貼り付いていてさ」

そこは、短いスパンで何度も住人が変わっている貸家だという。

「壁にお面がかけてあるのかと思ってね、近づいてみたんだ」

初めて彼が生垣越しに覗いたその顔は、お面にしてはリアルすぎた。

「ゆっくり瞬(まばた)きをしていた。目を合わせてはいけない気がして、その日は走って逃げたよ」

それでも顔の存在が気になり、彼は不定期にその家の前を通っては様子を見ていた。

異様な光景だったが、彼以外にその顔を視認している人がいるかどうかは定かでない。


「駅には近いし、築浅で家賃も高くないから。次々、新しい住人が入っては、そのうち誰かが死んで、出ていく。その繰り返しだよ」

住人が入れ替わるたびに、壁から生えた顔は大きくなっていった。

「顔は不幸を吸って成長していくようだった。実物大の人の顔から畳一畳くらいになるまで、一年とかからなかったな」

驚いたことに、その家はいわゆる事故物件ではない。家の住人は事故または病気で搬送先の病院で亡くなったり、外出先で車に轢かれるなどして、家屋や敷地内では一人も死者は出ていないのだという。

「不幸があった後も住み続ける家族はいなかったな。家族のバランスが崩れたせいなんだろうが、もしかしたら住んでいる者には何か感じることがあるのかもしれん」

初見から五年後の現在、その家全体が半透明の巨大な顔に包まれていると彼は言う。

「顔は大きくなり続けて、ついには家の屋根までも越えてしまったよ」

一軒家を包み込む顔の表情はおだやかで、うっすらと微笑みを浮かべており、実に満足そうであるという。

「男か女かもわからない、強いて言えばモナリザを無理やり日本人にしたみたいな顔だな」

今後、家を覆う顔がどうなっていくのか観察するのがライフワークなのだと彼は語った。

まぼろしの来客

ミカさんが電話の向こうで語り始めたのは、一〇年前、営業職についていたときの話だった。

客先との打ち合わせから戻り、オフィスに入ろうとしたときである。人の気配を感じて振り返ると、こちらへ向かって歩いてくる男性の姿が目に入ってきたのだという。

これといって不審なところも不自然なところもない、ごく普通のビジネスマンだった。グレーのスーツを着て、資料が入っているらしい黒のブリーフケースを持っている。顔はよく見えなかった。

ミカさんがドアを開けたところで、男は後ろからもの凄い勢いで近づいてくる。ぶつかる、と思った瞬間、男はミカさんの身体を後ろからすり抜けていった。

その瞬間は、何の感触もなかったという。男の持っているブリーフケースも、ミカさんの身体を通り抜けていった。男の後ろ姿は、別に半透明になっているわけでもなく、ごく普通の人間に見えていたそうだ。

ミカさんを追い越した男は、そのままずんずんとオフィスのなかを進んで、上司のところまで行くと、さっきのブリーフケースから資料を取り出して説明を始めた。

あとで聞くと、その人は上司のアポを取って来訪した取引先の担当者だったそうだ。ちゃんと仕事をしている生きた人間であり、霊のたぐいでもでもなかった。コーヒーまで飲んで帰っていったのだという。

私に電話をかけてきたミカさんは、何度もつっかえながら、ここまで話してくれた。

あの瞬間、もしかすると私のほうが霊みたいなものになっていたのかもしれないですね。

そう言うと、ミカさんの電話は急に切れた。

何回かけ直しても、二度とつながらなかった。

髑髏の顛末

基次さんが通う中学校は敷地が川に接していて、川の水を引いて造った池が中庭にあった。校庭とは別に、新旧二棟の校舎と体育館に三方を囲まれた中庭があることは彼の中学の特徴で、池の周りは生徒たちのお気に入りの場所だった。

中庭全体が四季折々に色づく樹々と花壇で整えられて、五メートルは優に直径がある円い池には、飛び石が設けられ、鯉が優美に泳いでいた。学校のそばの川は、上流で中和工場が稼働するまでは毒の水が流れていたそうで、生き物が棲んでいなかったのだが……。すでに有毒物質は川から取り除かれていると思われたが、基次さんたち地元の子どもたちは、決して川に入ってはいけないと親や先生から言われていた。

彼は写真部の部員だった。二年生の秋、文化祭に出品するために、部の仲間と校内の各所を撮影した。彼は二階から中庭を撮ることを思いつき、部の友人に手伝ってもらって窓から身を乗り出すと、鯉の池を俯瞰（ふかん）した。池の端の紅葉、青空を写した水面。薔薇が咲く花壇。なんて綺麗な景色だろうと、ファインダー越しにうっとりしたのに。

髑髏（どくろ）が写っていた。

現像した写真を見たら、池のほとりの庭石に、しゃれこうべが乗っていたのである。

肉眼では見えなかったものだ。……そういえば、と彼は思い出した。池のそばの教室でブラスバンド部が演奏を録音したら、赤ん坊の泣き声が録音されていたのだった。録音したものを彼も聴かせてもらったが、たしかにオンギャアオンギャアという声が入っていた。

美しい池だが、何か因縁めいた事情があるのだろうか。果たして、写真部の顧問の先生に髑髏が写った写真を見せたら、「この辺りは、昔いろいろあったから……」と語りだした。

――昭和一一年一一月二〇日、ここ秋田県鹿角市で尾去沢鉱山のダムが決壊し、下流にあった九つの坑夫集落が押し流されて、計三七四名が亡くなった――

「すぐそこの山を少し登ると、ダムの近くにお寺があって、被害者の供養をしているから、この写真を持っていってご住職に渡しておいで」

先生にそう言われて、彼は放課後、写真を持っていって、住職に手渡した。

住職は「私が預かるから、安心しなさい」と言ってくれたが、その後なぜか自殺し、さらに数年後、ダムが決壊したのと同じ一一月二〇日に寺も火事で焼けてしまった。

あまりに奇妙な死と生と

死は万人に等しく訪れるが、そのタイミングは多種多様だ。

なかには奇妙としか言いようのない最期を迎えてしまう人間もいる。

◆二〇一九年の感謝祭の夜、メイン州の田舎町に暮らすロナルド・シールという老人が射殺された。当初は殺人と思われたが、警察は「シール自身が自分を撃った」と結論づけて捜査を終了している。

実はこの老人、家族の宝石を盗まれないようDIYでドアノブに猟銃を使ったトラップを設置していた。ところがシールは自分が作った罠の存在を忘れ、うっかりドアを開けてしまったのである。

◆二〇二〇年、モスクワに住むディデンコ氏は、妻の誕生日を仲間とプール付き施設で祝っていた。やがて、お祝いムードで上機嫌になった彼は、参加者を涼(すず)ませるため用意していた総量二十五キロのドライアイスをプールに投げ入れると自身も水のなかへ飛び込んで、死んだ。

死因は窒息死。ドライアイスから発生した二酸化炭素が、プール表面に分厚く白い霧の層を作り、酸欠になってしまったのである。本人も、まさか水上で窒息死するとは思わなかっただろう。

◆二〇二一年、ブラジルのミナスジェライス州にある農場で、男性が友人と釣りをしていたところにハチの大群が襲ってきた。男はハチの攻撃から逃れようと目の前の湖に飛び込んで、死んだ。男性は、湖に生息するピラニアに襲われ、食い殺されてしまったのだ。

ピラニアは基本的に臆病で、映画のように人を襲う事はほとんどないという。今回の事件は偶然が重なった不幸なケースなのかもしれない。

◆一九三六年十一月に創刊された、アメリカを代表するフォトマガジン『ＬＩＦＥ』。

記念すべき第一号の最初のページに掲載されたのは、赤ん坊が抱かれている写真で、脇には誌名になぞらえて「人生が始まる」とのキャプションが添えられていた。モデルとなった赤ん坊の名前は、ジョージ・ストーリー。彼はのちにジャーナリストとなって『ＬＩＦＥ』同様に活躍する。

だが、刊行から七十年後の二〇〇〇年四月、出版不況に伴い『ＬＩＦＥ』は休刊を発表。それからわずか数日後、創刊号を飾ったジョージ・ストーリーは心不全で急逝する。

彼の生涯は「人生」という名の雑誌とともに始まり「人生」の終焉（しゅうえん）とともに幕を下ろしたのだ。

モンキービジネス

独り暮らしの家に帰ると、リビングで四頭の猿が毛づくろいをしていた。シッシッ、と小さく声をかけると、すぐ消えてなくなった。妻がおれの弟とデキて出ていってから、いつもこうだ。

湿気(しけ)った爆撃

O氏が小学生の頃の体験談、今から三十年前の話。

彼の家の近所に、酒を飲んでは暴れる近所迷惑な男が住んでいた。

子供たちも彼に捕まってたびたび酷い目に遭っており、その日は仕返しをしなければと決起した数名が集い、彼の住む掘っ立て小屋に向けて、ロケット花火による爆撃が敢行された。

しかし打てども打てども、ロケット花火は飛んでいくだけで破裂しない。

小屋とは別方向に打つと「パン！」と弾けるのだが、小屋に向かった花火はウンともスンとも言わなかった。やがて、これはどうもおかしいと感じた一行が小屋に近づき中を覗き込むと、迷惑男が血を吐いて倒れていた。

「後から聞いた話では、死んでから何日か経ってたらしい。あの時、どうしてロケット花火が破裂しなかったのか、理由はもちろんわからないけれど、一種の虫の知らせというか、それに近い出来事だったのかなと思ってる。誰も好き好んであの男の家になんて近づかなかっただろうから、早く見つけてもらいたくて、そういう手段をとったのかもね」

少女追放

富豪を親に持つ御曹司の樽井君は、瀟洒な新築デザイナーズマンションに住んでいる。人も羨む高級タワマンでの生活だが、その家には入居当初から少女の霊が出た。年齢は小学生の中学年くらいだろうか。さらさらとした黒髪のセミロングに、ノースリーブの白いワンピースといった、いかにも霊の如く儚(はかな)げな出で立ちの少女だった。

この物件は新築ゆえ、樽井君が最初の住人である。建つ前の土地は田畑であり、そこで人死にがあったということもないらしい。

「だって、僕がいるのは最上階ですよ。そんな上空で人が死んだってこと、ないでしょう」

せっかくの新居に望まぬ同居人がいたことで、樽井君は気分がふさいだ。

「霊なら自分が死んだところに出ればいいのに、なんで僕の家に出るんだよって。女の子だから、綺麗なところにいたいのかなあ、と考えてたら閃(ひらめ)いたんです」

樽井君は自宅のすべての部屋の、洒落た模様の壁紙を覆い隠すように、隈なく巨乳女性の際どい水着姿や半裸のポスターを貼りまくった。

すると、ぱたりと少女の霊は姿を現さなくなったという。

無垢な少女に嫌われるにはエロが一番ですよ、と樽井君は屈託なく笑った。

金髪

　聡美さんのおじいさんは四十歳くらいのとき台湾に旅行中、乗っていたタクシーが玉突き事故に巻き込まれ重傷を負った。病院に運び込まれたおじいさんが朦朧とした意識で周囲を見ると、十代半ばの金髪に染めた女の子がやけに露出の多い服でうろついている。患者の誰かの家族なのかな、と思って見ていたら女の子はおじいさんのベッドに近づいてきて現地の言葉で何か話しかけてくる。だがおじいさんの語学力では聞き取れず、困惑していると女の子はぷいと顔をそむけ他の人のベッドの方へ行ってしまった。

　やがて容態が落ち着いたおじいさんが日本語のわかるベテラン看護師にその金髪の女の子の話をしたところ、こんな答えが返ってきた。

「今までその子に話しかけられたという話をしてくれた患者さん、全員次の日に亡くなっていますね。でもあなたはもう四日経ってる。たぶんあなたは、言葉がわからなくて命拾いしましたね」

　ぞっとしたおじいさんは女の子がささやいているのはどんな言葉なのか訊ねたが、看護師さんは「知らない方がいいです」と言って教えてくれなかった。

託骨

このところずっと、高橋さんは眠れない夜を過ごしている。五歳になったばかりの娘、春奈ちゃんが頻繁に悲鳴をあげるからだ。

先月亡くなった祖母(ばあ)さんが枕元に現れ、腕を引っ張るらしい。それを裏付けるかのように、春奈ちゃんの手首には握られた痕が残っていた。

夫は、夢でも見たんだろうと相手にしない。高橋さんは御祓いのやり方を調べ、色々と試してみたが、どれも役に立たない。

諦めかけた直後、良い方法を思いついた。要するに、ここに来られないようにすればいいわけだ。

高橋さんは、密かに墓石から遺骨を取り出し、とある心霊スポットに向かった。見るからに怪しげな廃屋だ。

一家心中した家族の霊が目撃されている。

入った者は死んだり、行方不明になったりするという。

「この祖母さんをお願いします。好きなようにしてください」

そう言いながら、高橋さんは遺骨を家の中に投げ込んだ。一か八かの賭けだったが、どうやら上手くいったらしい。

それ以来、春奈ちゃんに穏やかな日々が戻った。

御守り

白髭神社は、謡曲「白髭」にも歌われた近江最古の大社だ。

琵琶湖の湖中に建立された大鳥居が有名で、古くから延命長寿の神と崇められてきた。人の世の道を総じて開く霊験があるとも信じられ、開運・招福・交通安全などを祈る人々でいつも境内がにぎわっている。

この白髭神社のそばで、ダンプカーとオートバイの衝突事故があり、オートバイに乗っていた若い男性が亡くなった。

彼は独身で、国立大学の理系学部を卒業してから、某大手企業の技術開発部に勤め、忙しくも充実した日々を送っていたらしい。近所に住む妹夫婦を訪ねては、幼い甥っ子や姪っ子の遊び相手をして、みんなで夕食を食べるのが愉しみだったようだ。

彼の義弟の吉晴さんは、この年下の義兄をいつも歓迎しつつも、なんとなく気が咎めていた。しょっちゅう幼児の相手ばかりさせては申し訳ない、独り身の若者らしく、自由を謳歌させてあげなくてはいけない——と、こんなふうに思ったのだ。

そこでとある休日の前夜、「明日は、ひとりで好きなように過ごしな」と強いて言った。

善意の提案だったが、その結果、翌日、義兄は白髭神社の付近で事故死した次第だ。

吉晴さんと家族は嘆き悲しみ、ことに吉晴さんは深く悔やんで、落ち込んだ。

葬儀の後、遺品整理のために、義兄が住んでいた小さな一戸建ての借家を訪れると、悔恨の情がまたふつふつと込み上げてきた……のだが、古い日本家屋によくある傾斜が急な狭い階段を目にすると同時に、義兄がここの二階を怖がっていたことを思い出した。

「女の幽霊がいるようなんだ。引っ越すのも面倒だけど、気味が悪くて落ち着かないよ」

――もしや、うちに度々来ていたのは、幽霊を避けるためだったのか？

階段は昼でも仄暗く、見上げるうちに鳥肌が立って、一段目から先に足が進まなかった。

そうこうするうち段々の天辺に黒い人影が差して、その辺りでピピッと小鳥の鳴き声めいた音を立てて床板が軋んだ。

腰を抜かしそうになった瞬間、玄関の方で何かがコトンと鳴った。

見に行くと、ドアの郵便受けに差し出し人不明の封筒が届いていて、中には、白髭神社の交通安全の御守りがひとつ入っているきりだった。

一九九七年の出来事だという。

ロバ女

新型コロナのパンデミックが起こる前、私（鈴木）はアメリカへ奇妙な噂をめぐる旅に出かけた。その時見聞きした話は『実録都市伝説　社会ノ奇録』に載せたが、幾つかは泣く泣く見送った。次に紹介するのはそのうちの一つだ。

テキサス州のサン・アントニオにはロバの顔と手足を持つ「ロバ女」の噂が伝わっている。その起源は一八〇〇年代（一九五〇年あたりという説もあるが）まで遡（さかのぼ）る。あるとき、エルムクリーク地区に住む農夫が妻と二人の子供を殺害し、自分の家に火をつけた。理由は定かではない。

ところが死んだはずの妻はわずかに息があった。九死に一生を得たものの彼女の顔の皮膚は溶けて細長く垂れ下がり、両手の指もひどい火傷（やけど）でひづめのように固まってしまった。まるでロバのような姿になった彼女は、我が子を失った悲しみと夫への憎しみで怪物と化し、死んだあとも復讐を遂げるためにさまよっているのだという。

家長の暴力で虐げられる妻や子。たびたび黒人に行われた火刑によるリンチ。アメリカの持つ闇が凝縮したようなディテールは「実際に起こった事件がモデルでは」との疑いを抱いてしまう。

その生々しさ故かロバ女はいまも恐れられており、深夜になると家があった地区の橋に出没すると信じられている（半獣人の目撃談や、フロントガラスが突然割れたなどの報告もある）。若者たちの間では「真夜中にこの橋の上で車を停め、クラクションを鳴らしてロバ女が現れるのを待つ」遊びが受け継がれているという。ロバ女の恐怖は、人々の心に生き続けているのだ。

しかし、どれほど恐ろしい話でも活用してしまうのが人間のしたたかさである。

現在、サン・アントニオではロバ女にちなんで名付けられたビールが街の名物となっており、数年前には「ロバ女と会話ができる電話サービス」が提供された。地元女優マリセラ・バレラはロバ女が主人公の芝居を上演している。恐怖のロバ女はいまやサン・アントニオの立派な文化なのである。

もしもテキサスに行く機会があったらサン・アントニオまで足をのばし、地元の人間に「ドンキーレディ・ブリッジ（ロバ女の橋）は何処ですか」と聞いてほしい。彼らは私にしてくれたのと同様、あなたにも笑顔で橋の場所と由来を教えてくれるだろう。

兄に似た男

平成の初め頃のこと。

威文さんが年の離れた独身の兄の葬式を出した数日後、家の近所で兄にそっくりな人に話しかけられた。

驚いて固まっている威文さんにその男は「×××っていう店知りませんか？」と威文さんの行きつけの喫茶店の名を言う。

混乱して返答できずにいる彼を怪訝（けげん）な顔で見ると男は行ってしまった。

威文さんは気を取り直してこっそり後をつけたが、男は件の喫茶店を自分で見つけて、中に入っていった。

のちほど、兄のこともよく知っている店主に話を聞くと、男は確かに店に来たそうだ。

兄が亡くなったこともすでに聞いていた店主が驚いて見守る中、男は席に着いてメニューを開いた。

だが注文しようとすると途端にしどろもどろになり、聞き取りにくい言葉を店主が何度も聞き返すうちに、体全体が磨りガラス越しに見るようにぼやけた感じになってきた。

男はよろよろと立ち上がって洗面所に行き、しばらく手や顔を洗っていたようだが、やがて蛇口の水を流しっぱなしにしたまま姿を消してしまった。

かわりに蛇口のハンドルに白い蝶が止まっていたらしい。

案外蝶が兄に化けていたのかもしれないですね、と威文さんは言う。

カーテンを閉めたら

夜一〇時まで残業していたリエコさんは、疲れ果てて帰宅すると、メイクも落とさず服も着たままベッドに倒れ込んで、電気も消さずそのまま眠り込んでしまった。

寒さで目を覚ますと午前一時だった。

閉め忘れていたカーテンを閉めて、パジャマに着替えようとすると、テーブルの上でスマホが鳴った。

知らない番号から、「みてたのに」とショートメッセージが入っていた。

拾った丸石

現在四十代の男性、W氏から伺った話。

彼は小学五年生の夏、近所の河原で異常にまん丸い石を見つけた。

一目それを気に入った彼は、家に持って帰り、ペットでも可愛がるように撫でたり眺めたりしていたらしい。するとそれから間もなく、家族に次々と悪いことが起こり始めた。

交通事故、大病、失業、などなど、連発する凶事に疲弊したW一家は、何か悪い因縁でもあるのかと疑い、地元の霊能者に相談したのだという。

霊能者の老婆は「ボウズ、お前ぇさん石拾っただろ」と、睨(にら)みをきかせW少年に言った。

「その婆さんは例の丸石がすべての元凶だって言うんだよね、だったら今すぐ捨てようって話になったんだけど、それじゃダメなんだって。一度できた縁を崩したら一家離散の憂き目に遭うから、もう祀るしかないんだって言われて」

同じ河原で、できるだけ歪な形をした石を拾い、それと並べて玄関にでも飾れとアドバイスされ、その通りにしたところ、それ以上の不幸は訪れなかったとW氏は言う。

彼の実家には、未だにつがいになった石が安置されているそうだ。

蝉の声

見合い結婚した夫の家では、セミが人の声で鳴くという。

籍を入れた後、姑（しゅうとめ）からそのように説明を受けた。

婚家で初めての夏を迎えたとき、セミの鳴き声はこれまで通りの無機質な雑音にしか聞こえなかったので、彼女は安堵した。

おそらく姑の妄想なのだろう。一見、正気に見える人が内面に妄想を抱いていることなどいくらでもある。

そう納得していた彼女だが、一人目の子を孕（はら）んだ夏、初めて男の唸り声を聞いた。

それは人が、臨終の際に肺腑（はいふ）から絞り出すかのような苦しげで微かな音であった。

真に家族の一員として迎えられた証（あかし）だと皆は喜んだが、彼女は漠然とした不安が拭えない。

今の彼女の一番の関心ごとは、出産を終えたらセミの声がまたあの無機質な雑音に戻ってくれるのかどうかということだという。

肉塊

多佳子さんが、初めて夫の実家に泊まった時のこと。
夜中、トイレに立った多佳子さんは、奥の間から聞こえてくる妙な音に気づいた。
何かが畳の上を引きずられているような音だ。
恐る恐る近づき、障子をそっと開けて覗きこんだ。
ぶよぶよした肉の塊(かたまり)が這いずっている。異様なことに、和服を着ている。
着物の知識は無いが、華やかな振り袖だった。
震える足で寝室に戻り、布団に入ると夫が話しかけてきた。
「あれはああいうモノだから気にしなくていいよ」
翌朝、そっと奥の間を覗くと、畳の上に粘ついた痕がうっすらと残っていた。

三人の高士

現在五〇代の高士さんは、父方の祖母から、一九三〇年に建てられた震災記念堂が、戦後、東京都慰霊堂と名称を改めた経緯について、耳に胼胝ができるほど聞かされていた。

そこに、東京大空襲で幼くして命を落とした父の弟（叔父）の遺骨が納められている可能性がとても高いとのこと。祖父母は晩年まで毎年三月の慰霊祭に参加していた。

下町に焼夷弾が雨と降る中で手を離してしまった三歳の次男を、祖母は片時も忘れなかったのである。遺体は発見できず、ただ、終戦後一年も経って、空襲の後から見かけなくなっていた近所の婦人がひょっこり訪ねてくると、それらしき幼児が側溝の中で焼け死んでいたが、その後どうなったかわからないと語って、さめざめと泣いたとか……。

だから東京都慰霊堂に遺骨があるに違いないというのだった。

しかし、その叔父と自分が同じ名前だったことは、長らく高士さんには伏せられていた。

さらに、関東大震災のときに、幼くして行方不明になった祖母の兄も同名だという。

祖母の死後しばらく経った大学生のとき、彼は両親からこの事実を知らされた。

「おまえが嫌がるかもしれないから内緒にしてくれと頼まれていたが、おふくろが大切に想っていた人たちの名前なんだから悪いことじゃないだろう」と父は述べた。

母は、名づけに際して祖母はひどく強情だったが、「画数占いをしてみたら高士は大吉で、おばあちゃんも好い人だから、譲ってあげたのよ」と彼に話した。

そこで彼は東京都慰霊堂に興味を持った。折しも大学は夏休みで、暇を持て余していた。日中の猛暑を避けるため、閉館間際の夕方四時に訪ねて、一〇分ばかり堂内を見学した。

もう少し長居するつもりだったが、震災の惨状を描いた絵画や戦時中の写真を眺めるうちに、炎に焼かれてのたうちまわる幼い男の子の姿を想像してしまい、それと同時に、後ろから二人の子どもにつけられている気がして、建物を飛びだしてきてしまったのだ。

あれから長い年月が過ぎた。

彼は、結局、あの子たちから逃げられなかったと苦笑いする。

以来、いがぐり頭の幼児が二人、常に視界の端に映り、足音も度々聞こえるのだという。

――自分と同姓同名だと思うと祓いづらく、守護霊だと思うことにしている。

電話の向こうでそう語る彼の背後で、子どもたちの声が怪しく笑いさざめいた。

ストレンジ・サンダー

米国海洋大気庁によると、ひとりの人間が一年のうちに雷に打たれる確率は七十五万分の一から百万分の一だそうだ。かなり低い確率だが、宝くじと同様に「当たってしまう」人物は存在する。そして、なかにはさらに奇妙な目に遭う人も少なくない。

◆一九九八年、コンゴ民主共和国のカサイ州で行われていたサッカーの試合中、空が曇ったかと思うや落雷がスタジアムを直撃、フィールドにいる選手たちを襲った。

ところが、片方のチームは選手全員が死亡したのに対し、相手のチームは誰ひとり怪我ひとつしていなかったのだ。様々な調査が行われ、シューズやユニフォームまで調べられたものの、原因は今も不明のままである。スポーツ中の落雷事故は珍しくないが、このような出来事は他に例が無いそうだ。

◆一九九九年、ロンドンのハイド・パークを歩いていた女性二人が落雷で感電死した。

雷が落ちた原因は、なんとブラジャー。木の下で雨宿りをしていた二人に落ちた雷が、ブラジャーのワイヤーを伝って二人の体を走ったのである。検死官の証言によれば、ワイヤーの金属部分は溶けていたという。雷のエネルギーの凄まじさがよく分かる。

一方、ブラジャーによって命拾いした例もある。

◆二〇一五年、中国の広東省で傘を伝って雷に襲われた女性は、ブラジャーのアンダーワイヤーが電流を逃がし致命傷を免れている。同じ器具で死ぬ者と救われる者。やはり雷は神の悪戯なのかもしれない。

◆二〇一〇年、イギリスに住む少年が航空ショーの見物中に落雷で負傷した。

事件の日時は八月十三日の金曜日、十三時十三分。少年はちょうど十三歳だった。

最後は、落雷から一命を取り留めたのに感電死した奇妙な例を紹介しよう。

◆二〇一六年、ニュージャージー州に住む二十代の女性が運転中、猛烈な雷雨に見舞われてしまった。彼女が雷雨を避け車を路肩に停めていると、路肩の立木に雷が落ち、折れた枝が彼女の車を直撃したのである。

「もしも表に出ていれば、自分に激突していたかもしれない」

幸運に胸を撫で下ろしながら車外へと出た彼女は、突然その場に倒れてしまった。折れた枝が電線を切断し、その先が車に接触していたのである。あわれ女性は感電、まもなく焼死体で発見されることとなった。

感電死は、既に決められた運命だったのだろうか。

初夢

その年の元日、Tさんは「知り合ったばかりの知人から、学生の頃に描いていた漫画を見せられる」という夢を見た。どうしてそんな夢を見たのか不思議だったが、まぁ夢などそんなもの、初夢としてはハズレ、くらいに捉えていたという。やがて正月休みを終えて出勤した彼女は、職場の同僚から「Fさんが年末に亡くなった」という話を聞かされた。

「Fさん」は夢で漫画を見せてくれた人物である。

するとあれは虫の知らせだったのだろうか？　しかしなぜ自分に？

不思議に思っていたところ、同僚が「Fさん、一戸建てに漫画の本を大量に集めていたみたいで、遺品の整理が大変だって話だよ」と続けた。

Tさんは知らなかったが、元々は漫画家を目指していた人物だったようだ。

「私も漫画はかなり好きなので、託したい何かがあったのかなとか、色々考えましたけど、遺品整理に口を出せるほど親しくもなかったので、どうしようもなくて。ただFさん、夢の中で、すごく楽しそうに話してたから」

置き所のない罪悪感のようなものだけが、今も心に残っていると彼女は言う。

開眼

怪談好きな根間沢くん、ファミレスのバイト中にささやかなイタズラを思いついた。ボックス席に座っている三人組の男女へ、お冷やを四つ運ぼうとしたのである。「あの……ひとつ多い気がするんですが」と戸惑う顔を、心のうちで楽しむ腹づもりだったらしい。お盆に四組のコップとおしぼりを乗せ、いざテーブルへと進む。

「……あれ」

ボックス席では、男女のカップルが別れ話をしていた。漂う空気があまりにも重く「もうひとりの女性は」などと聞ける雰囲気ではない。そのときは首を傾げつつ、ふたつだけコップを置いて厨房まで戻った——のだが。

以来、頻繁に客の数をひとり間違えるようになった。

「馬鹿をやって霊感が開花した例ってありますか？　もしあるなら、治し方を知りたいんですが」

青い顔で根間沢くんが訊ねてくる。「知らない」と答えるのは、すこしばかり心苦しかった。

鍵

杏奈さんは二十歳のときに友達をバイク事故で失っている。

ある朝目が覚めると枕の横に鍵が落ちていた。見覚えのある小鳥のキーホルダーがついている。サキのバイクの鍵だ。そう気づいたけれど、最近サキは杏奈さんのアパートに来ていないし、ずっと前に忘れていったもののはずはない。サキは毎日バイクで通学しているのだから。

とにかく、あとで家を出るとき忘れずに持っていこう。そう思って財布の中に鍵を入れると杏奈さんは二度寝した。

二時間ほど後にアラームで目覚め、着替えて部屋を出る準備をしながら何気なく財布の中をたしかめた。すると入れたはずの鍵が見当たらない。布団のまわりだけでなく部屋中を捜したけれど、小鳥のキーホルダーのついた鍵はどこにも見つからなかった。

その日顔を合わせるはずの授業にサキは来ていなかった。彼女が事故で昏睡状態になっていると杏奈さんが知らされたのは、翌日親族からもらった電話だったという。

祖父の日記

九〇歳で亡くなった祖父の遺品を整理していたら、古い日記が何冊も出てきた。

若いころ空気銃に凝った祖父は、野良猫を撃って練習していたが、そのころ生まれた息子の足に障害があったのを、その報いと考えて、きっぱりやめたようだ。このことは車椅子の父も、日記を読むまで知らなかった。

あの日記を読んでから、家にやたらと野良猫が寄り付くようになった。

ただ、祖母の遺影が掲げてある仏間にだけは、猫たちは絶対に近寄ろうとしない。

祖母と猫の関係については、祖父の日記には何も書かれていなかった。

疲れる

秦野さんは、疲労の度合いを自己診断できる。

といっても肉体の方ではなく、心の疲労だ。心が疲れると、妙なものを見てしまう。黒い影である。それは町中のあちこちにいる。交差点、駅のホーム、駐車場、スーパーの食品売場等々、場所を選ばずにいる。心身ともに好調な時は見えないのだという。

ある日のこと。秦野さんは、質の悪い客から言い掛かりのようなクレームを受けた。上司とともに客の家まで出向き、土下座の要求に応え、店に戻って事後処理に手間取り、解放されたのは深夜だった。

今までに経験したことのない酷過ぎるクレームに、心底疲れてしまった。

今日は間違いなく見るだろうな。うんざりしつつ、家までの道を歩く。

真夜中だというのに、町のあちこちに男や女が立っている。老人や子供もいる。

何人目かでようやく気づいた。この人たちは、いつもなら黒い影が立っている場所にいる。中には、地面に半分埋まっていたり、電柱から生えていたりする者もいた。

疲労がピークに達すると、こんな風にはっきり見えてしまうわけだ。それが分かった秦野さんは、真剣に転職を考えている。

卒塔婆

昨年のこと、青山さんが両親と菩提寺へ墓参りに行くと、青山家の墓所に卒塔婆が立てられていた。

「支えになる塔婆立てもないのに、真新しい卒塔婆が一本、うちの墓にすっくと立っていたんだわ」

墓地に卒塔婆があったとして、何が問題なのだろうか。

「うちは浄土真宗なんで、お墓に卒塔婆は置かない流派なのよ。あれっと思って、二度見したらその卒塔婆、忽然と消えてたの」

卒塔婆には日付が書かれていたので、それを青山さんが口にすると両親はびっくりしていた。

その日付は早逝した、何にでも逆らったひねくれ者の叔父の命日だということだ。

後日、青山さんが墓所を再訪したところ、墓石に梵字が赤く光っていたこともある。

「梵字だろうと思ったんだが、そっちには疎いんで、何という文字かはわからなかった」

解読しようと青山さんが近づくと、からかうように文字は点滅しながら消えてしまった。

真相はわからないが、これも件の叔父の仕業ということになった。

事件霊

東京地方検察庁に派遣されたとき、明未さんは二〇代後半で、早くも警備員としてはベテランの域に入っていた。長らく路上やオフィスビルで警備にあたってきたが、突然抜擢され、三ヶ月の特別研修の後、霞ヶ関で任務に就いた。

来庁者には女性もいるから女性警備員も必要なのだと事前に聞かされていた。しかし、蓋(ふた)を開けてみると、検察庁を警備する男性スタッフは大勢いたが、女性警備員は明未さんだけで、主な任務は、地裁で既決後、釈放された女性が検察庁の女子トイレに遺棄していく拘置所仕様のトレーナー上下とサンダル、下着類の回収であった。

無論、建物の巡回もした。二名一組で、午前八時半から午後六時半まで──時給の良い夜間の見回りは男性警備員に限られていた。初めはそれが不服だったが、やがて深夜の巡回を免れられてありがたいと思うようになった。

なぜなら、ここには「出る」から。

霞ヶ関の検察庁ビルは、地上は二一階、地下は四階まであり──この地下が曲者(くせもの)だった。

地下二階は警察の管轄で、ここで容疑者と検察官が接見をする部屋などがあった。地下三階は事件の証拠品の保管庫。地下四階はビルの中央管理室やボイラーなどがあるところ。

前から勤務していた男性警備員らの間では、地下三階が最も恐れられていた。

ある日、明未さんが出勤すると、巡回の相方を含む数人の警備員たちが、控え室で建物の見取り図を眺めていた。何をしているのか訊ねると、地下三階で赤ん坊の泣き声を聞いた者が何人もいるので、どこで聞こえたか確かめ合ったところ、通称・殺人庫の辺りだとわかったとか……。

証拠品は事件の性質ごとに置き場が異なったので、警備員たちは知能犯庫、殺人庫などと勝手に呼び習わしていたのである。

「……しばらく前に母親と赤ん坊が殺された事件があったな？　あれが原因に違いない」

不運なことに、彼女は、その後すぐに相方と地下を巡回しなければならなかった。

地下二階で参考人の待合室に入っていく若い女性を見かけた。その辺りは、使用者がいないときは節電のために消灯している。懐中電灯の明かりに浮かびあがった姿を追っていくと、暗い部屋にほっそりしたシルエットが佇(たたず)んでいた。「点けますよ」と呼びかけつつ天井の照明具のスイッチを入れたら、その人影が立ちどころに消えた。

勝手な予想

Nさんはその日、繁華街の路上で、救命措置を行っている現場に出くわした。

何があったのか不明だが、倒れている男性の周りで慌ただしく人々が動いている。

気になったのは、その中でただ一人、微動だにせず直立している人物の存在。

全身が黒っぽく煤(すす)けたようになっており、どうも普通とは違う見え方をしている。

その風情に恐怖に近い感情を持ったものの、興味深くもあり目が離せない。

間もなくAEDが到着し、電気ショックが与えられた結果、男性は蘇生したようだった。

するとその瞬間、さっきまで直立不動だった黒っぽい人物がその場から掻き消えた。

「不謹慎ですけど、私、あの黒い人物は死神のような存在なのかなと考えていました。だからきっと、倒れていた人は何やっても助からないんだろうなと。でもあれ、救命措置を受けていた本人だったんでしょうね多分。体の外に出ちゃってた魂みたいなのが、電気ショックと同時に元に戻ったんだと思います。予想、外れちゃって残念でした」

はらぺこ本尊

山形市郊外のお寺で聞いた、二十年ほど前の話である。

ある夜、住職が燈明(とうみょう)を消しに本堂へ向かうと、御本尊が台座からおりて供え物のモナカを頬張っていた。たいそう驚いたものの「お釈迦さまのなさること、なにか意味があるはずだ」と思いなおし、そのまま抜き足で本堂をあとにしたのだという。

翌朝——御本尊はもとの位置に戻っていたが、モナカは包装ごと消えていた。

それから数ヶ月後、シロアリの駆除に訪れた業者が軒下で獣の死骸を発見する。

狸とおぼしき死骸はあらかた骨になっており、喉のあたりにセロファンが落ちていた。

「モナカの包装でした。わざわざ化けずとも、庭にでも姿を見せれば餌を与えたのですが」

死骸は無縁墓に埋めて、いまも菓子をときおり供えているそうだ。

骨階段

十五年ほど前、晴男さんが賃貸情報のフリーペーパーを見ていたら、物件の備考欄のようなところに〈骨階段あり〉と書かれているアパートがあった。

何かの誤植かとは思ったが、気になったので住所を見ると職場のわりと近くだったので面白半分で内見してみることにした。

不動産屋で鍵を預かりアパートに来てみると、ごく普通の木造二階建て、二階へ行くには外階段を使う。それもよく見るタイプの黒い鉄の階段だ。

内見する部屋は二階なので晴男さんは階段を上る。踏むと少し軋むが何事もなく上りきって、玄関の前に立つ。

ドアを開錠しているとき背後で音がした。住人が帰ってきたのかな、と思って振り向くと犬がいた。首輪のない、うす汚れた雑種の中型犬。病気なのか背中の毛が大きく禿げていて、片目が白く濁っている。見えていないのではないかと思う。

今どき野良犬かと驚いていたら、犬はくわえていたものをそっと通路の床に置いた。

骨だ。

それなりに大きい動物の肋骨の一部のようだ。

何かを訴えるような目つきで晴男さんを見つめると、犬はすぐ踵（きびす）を返してすたすたと階段を下りていった。

あわてて目で追うが、階段の半ばで消えたかのようにもう姿が見あたらない。

遠くで犬の遠吠えがいくつも聞こえ、空から雨がぽつぽつ落ちてきた。

「人間の肋骨じゃないよな？」

晴男さんは冬の雨に濡れながらその骨を眺めたが、どうにも気味が悪い。内見も取りやめると早々にその場を後にした。

あれはいったい何だったんだろう、と今も時々思い出すという。

まごころ急便

カズヤさんが五年前、宅配便のドライバーを始めた頃の話である。

軽トラックの荷室に荷物を積み込み、扉をロックしてから運転席に乗り込むと、後ろからドンドンと叩くような音がする。人が入れるような隙間は空いていないはずだが、どう聞いても荷室の中からとしか思えない。

訝(いぶか)しみながら荷室を開けると、やはり誰もいなかった。

そんなことが何度もあったので先輩ドライバーに相談すると、「宅配便ってのはただ荷物を運ぶだけじゃない。お客様の心をお届けするものなんだ。だからよくあることだよ」と言われたのだった。

「よく聞く言葉だけど、そういう意味だとは実際にドライバーをやるまで知りませんでした」

カズヤさんはそう言うと、事故で膝から下を失った、左足をさすりながらため息をついた。

彼(かれ)は誰時(たれどき)の鬼

Ｆ氏は子供の頃、神社で縁日があった後、小銭を拾いに行くのが楽しみだった。

「出店屋台なんかが何十軒も並ぶから、終わった後に探すと、こぼれた小銭が結構落ちてるんだよ、それ拾って小遣いにしてたんだ」

その日、夜明け前、暗いうちに家を抜け出し、縁日を終えた神社の参道で小銭を漁っていると、自分と同じように地面を睨(にら)んでいる人影に気付いた。

「いやでもそれがさ、ちょっと変なんだよな」

なんだか、人間のそれとは違った形をしていたのだとＦ氏は言う。

「頭が大きくて、その割に体が小さいんだ、動きもコックリコックリした感じで、どうもおかしいなと思って」

薄暗がりの中、目を凝らしたＦ少年が見たのは、小鬼といって差し支えないような容貌をした、異形の存在だった。

「ヤベぇと思って直ぐ逃げた、明らかにおかしいんだもん。あれ何だったたんだろう」

神様の使いが、金に汚い子供をしつけにでも来たのだろうか。

表札

太田さんは来年の春、国立大学の受験に挑む。やるだけのことはやり、自己採点でも合格ラインは突破している。

それなのに、どうしても不安が拭えない。ありとあらゆる神社に詣で、御守りのコレクションも増えた。

それでもまだ足りない。何かないかと検索しているうち、面白いものを見つけた。

他人の家の表札を四軒分盗ると、試験に合格するというのだ。「四軒盗る」を「しけんとおる」と語呂合わせして産まれた迷信だが、太田さんはこれに強く惹かれた。今時、誰もやっていないからこそ効果がありそうな気がしたのだ。

地元周辺でやるのは危険だと判断し、わざわざ隣県まで足を延ばした。見知らぬ夜の街を歩いてみたが、簡単に外せるような表札が無い。

それでも三軒までは集められた。残り一軒を探していると、どうぞ持っていってくださいと言わんばかりの表札を見つけた。

木製で名前が浮き彫りにされた、見るからに高そうな表札だ。無事に四軒分揃い、太田さんは小躍りしながら帰宅した。

早速、鞄から表札を取り出す。一軒目、二軒目と出していき、最後があの立派な表札だ。確か、岩永と書いてあった。

が、鞄から出てきたのは今にも折れそうなぐらい薄い木の板であった。しかも苔だらけだ。全く別物だが、名前は岩永と書いてある。

これは返した方がいいのではと思い、朝になってからあの家まで向かった。家のすぐ前に郵便ポストがあったのを覚えている。

その目印のおかげで、家はすぐに見つかったのだが、そこにあったのは豪邸でも何でもなかった。今にも壊れそうな廃屋だ。

苔むした門柱には表札が見あたらない。持参した表札を恐る恐るあててみる。ピタリと合った。良かった、これで一安心と自宅に戻った太田さんは、思わず悲鳴をあげてしまった。

自分の部屋の扉に、返したはずの薄い木の板の表札が貼り付いている。

どうやっても取れず、今もそのままだという。

大きな白い犬

慧さんは免許取りたてのころ、知人からおかしなことを言われたことがあった。

「この前、助手席に大きな白い犬乗せてたの見たよ。犬を飼ったの？」

慧さんはこれまでに犬を飼ったこともなかったし、犬を愛車の助手席に乗せたこともない。犬と見間違えるような荷物を助手席に積んでいた覚えもなかった。不定期にその知人から同じことを言われるので妙だとは思っていたが、愛車は新車で犬を轢いた過去もないので、慧さんはしばらくすると白い犬に関することを忘れてしまった。

二十代半ばにして、慧さんには真剣に交際する彼女ができた。職場で出会った彼女は、ホワイトシェパードに似た、大きな白い雑種犬を実家で飼っているという。

彼女に愛犬の写真を見せられたとき、〈そういえば、助手席に白い犬が乗っていると言われたことがあるけど、こんな犬だったのかな？〉と、慧さんは昔の出来事をほのぼのと思い出した。そのときは、いずれ彼女と親密になる未来が車に映っていたのではないかと、白い犬のことを何か運命めいて好ましい物に感じられたのだった。

何度も彼女を助手席に乗せてドライブデートをした。

一度、慧さんは知人から〈また白くて大きな犬を飼ったんだね。今日、助手席に乗っているのを見たよ〉というメールを受け取った。その日、助手席に乗っていたのは彼女だし、白い服など着ていなかったのに。彼はそのメールを彼女と共有し、〈君を犬と見間違えるなんて、そそっかしい人だね〉と笑いあった。

互いに婚約を誓い合った矢先、唐突に彼女は事故死してしまった。

愛する人を失った慧さんは、半ば悪夢の中にいるような気持ちで彼女を見送った。彼女のご両親に挨拶したとき、彼は白い犬のことを思い出した。彼女の形見として愛犬を自分に引き取らせてくれないかと慧さんが懇願すると、ご両親は困り顔で、〈娘はこれまでに犬を飼ったことなどないはずですが〉と言った。

実家は賃貸で、ペットは飼えないのだという。ただ、犬が好きな彼女は、テレビドラマに出ていたホワイトシェパードの画像を大事にスマホに保存していたそうだ。

失意と混乱の中、慧さんが彼女の葬式から帰宅すると、以前に頓珍漢なメールをよこした知人から、またメールが届いた。

〈今日、綺麗な女性を助手席に乗せていたね。彼女なのかい？〉

慧さんはひとしきり号泣してから、古い知人のアドレスを着信拒否にした。

彼女を偲ぶために、慧さんの携帯にはドラマのワンシーンをキャプチャした、ホワイトシェパードの画像が一枚、保存されている。

台湾鬼月

輸入業を営む音弥さんは三六歳のとき、干支で一回り年上の会社社長にいたく気に入られ、台湾で接待を受けた。台湾で鬼月と呼ばれる旧暦七月の観光シーズンに二泊三日の予定で、旅費と宿代、初日の晩餐は向こうの奢り。しかも二日目からは自由行動で、これと思う人物がいたら是非お誘いなさい——こういう粋な提案だったから、若手政治家の親友に声を掛けると、親友も喜んで参加する運びとなった。

晩餐は豪華でどの料理も旨く、その後、異国情緒が溢れる夜市まで冷やかして、すっかり満足して社長が取ってくれたホテルに親友と戻ったのは、夜もだいぶ更けた頃。

「腹はいっぱいだけど、せっかくだから僕の部屋で少し飲まないか」

誘うと親友は二つ返事でやってきた。そこは建物の角にあたり、他の客室と隣接していないため、多少大声を出しても気遣いがいらない、良い部屋だった。

「フロントの女の子、音弥のことが気に入ったみたいだ。誘ってみたら？」

彼は「バカ言うな」と親友に返しながら、フロント係の愛嬌たっぷりな笑顔を思い出した。

——パキパキパキパキパキ。

「変な音がしない？　ほら、聞こえるだろ？　なんの音だろう？」

親友に訊かれて、彼は「さあ？」と首を捻った。言われてみれば、帰ってからずっと何かが鳴っていた。蟹（かに）の脚を折るような、もしくは枯れ枝を踏みしだくような、小さな音だ。

深夜、友人が引き揚げるとすぐに、水を飲んでベッドに入った。

どれほど眠ったか……。前触れもなくハッと目が覚めたら、ベッドの脇に坊主頭の若い男が立っていた。「泥棒！」と叫んで飛び起き、そいつの頭を思い切り叩いた。

途端に、その男が消えた。夢を見たのだと思うことにして、寝直した。

翌日は、淡水という海辺の街まで親友と小旅行をし、戻りが遅くなった。

ホテルで風呂から上がってベッドに裸で大の字になっていたら、ドアがノックされ、女が合鍵を使って部屋に入ってきた。例のフロントの子かと思ったら、違う。

見知らぬ女だ。無表情にのしかかってくる。腹を蹴りあげたところ、女は風船のようにふわりと宙を飛んだ。尻から壁に吸い込まれていく。

やがて、女が消えた辺りの壁面から、パキパキと乾いた音が聞こえはじめた。

罠

Ｋ氏より、こんな話を聞いている。

ある日の深夜、おもてに繋いでいる柴犬のケンが激しく吠えはじめた。

ふだんは初対面の相手に尾を振るほど人懐っこい犬である。どうしたのかと訝(いぶか)しみつつカーテンの隙間から覗(のぞ)いてみれば、飼い犬はまっくらな空間を睨みつけ、低い声で唸っていた。

Ｋ氏は、その手の出来事を信じる性分ではない。

しかし、今回は違った。ケンが威嚇(いかく)しているのは絶対によくないモノだ——そんな直感があった。意識とは無関係に全身を粟肌が駆けめぐっていた。

とはいえ——あれだけ吠えればさすがに退散しただろう。そろそろケンを止めなくては。これ以上はさすがに近所迷惑だ。

サンダルをつっかけて玄関のドアを開けると、彼は愛犬の前にかがみこんだ。

「えらいぞケン。なんだか知らないが、追いはらってくれてありがとうな」

と、撫でようとするＫ氏の手をすり抜け、ケンが玄関めがけてひときわ大きく吠えた。

えっと思った直後、水に垂らした墨のような〈黒いもの〉が、ドアのあいだから室内へ滑りこんでいくのが見えた。愛犬は、なにかを諦めたように弱々しくその場へ伏せてしまった。

もしかして、罠だったのか。

そんな予感を証明するがごとく、その日を境に不幸が続いている。

出汁

昭和四十年代前半のこと。則夫さんの実家のラーメン屋に包丁を持った男が立て籠もるという事件が起きた。

男の要求は金ではなく「おれの腕の骨で出汁を取ったラーメンを食わせてくれ」という異常なものだった。袖をまくった腕の肘上に、赤インクで切り取り線のようなものがぐるりと書かれていたという。

親父さんが咄嗟に機転を利かせ、「金さえ出すなら望みのものをつくってやるが、人間を切るのに店の包丁を使うわけにいかない。あんたのを貸してくれ」と言って凶器の包丁を受け取り、すばやく男を取り押さえると警察に通報したらしい。

「あのラーメン屋のスープはいつもドブみたいな臭いだけど、おれの骨で出汁を取れば美味くなると思ったんだよ」

覚醒剤の常用者だったという男は、そんなわけのわからない犯行理由を警察に語ったようだ。

だが立て籠もり事件の翌々日に営業を再開すると、親父さんが仕込むスープは本当にドブみたいな臭いがするようになった。

これまで通りの手順と材料で仕込んでも、なぜか毎日ドブ臭いスープが出来上がってしまう。当然使い物にならないから丸ごと捨て、店は臨時休業にした。

原因不明のその状態が一ヶ月ほど続いたのち、両親は疲れ果てて店を閉めてしまった。

則夫さんが記憶している限り、事件以前の店のスープはごく普通の鶏がらメインのさっぱりしたもので、絶対にドブの臭いなどしなかったそうだ。

天の河

一人暮らしを始めたばかりの頃、佐川さんは天(あま)の河を泳ぐという、今まで見たことのないようなメルヘンチックな夢を見た。よほど楽しい夢だったのか、自分の笑い声で目覚めたそうだ。

布団に入って三十分ほどしか経っていなかったが、とてもよく眠れた朝のような清々しい感覚だった。それから二度寝する気にもならず、スマホのゲームでもやろうと仰向けからうつ伏せの姿勢になった時、それに気づいた。

靴のインソールのようなものが二つ、枕元に揃えて置かれている。

スマホの画面の明かりを向けると、それが人の足の裏だとわかった。

この時の自分と同じ、うつ伏せの姿勢の人の足の裏である。

踵(かかと)のひび割れまでわかるほど鮮明に見える。あまりにはっきり見えすぎるので、それが幽霊かもしれないという思考に至らず、自分は誰かの家に泊まっているのではないかと錯覚し、その場で己の記憶を遡(さかのぼ)った。ここが自分の部屋で、今は自分一人しかいないのだという状況がわかってからも不思議と取り乱すことはなく、誰のものかもわからない足の裏をじいっと見ていた。

どれくらいの時間をそうしていたのか。
ふと、これは自分の足なのではないかという考えがよぎり、途端に怖くなった。
この足の先には体がある。
確かめようと起きあがろうとするが、できない。
自分の首から下には、なんにもない。

霊体験であればむしろ良し

Hさんが大学の女子寮で暮らしていた時の話。

ある日、彼女が自室で昼寝をしていたところ、突如金縛りに襲われた。

同時に人の気配があり、窓でも開けられたように冷たい空気が足元に当たる。

全身が硬直し目も開けられなかったため、それがどのような人物かは未確認。

恐怖心から、そのまま気を失うように再び眠りに落ち、目覚めたのは夕方。

夢だったのだろうか？　しかしそれにしては……。

思いながらトイレに行くと、なぜか男性の使用後のように便座があがっていたという。

女子寮であり警備も厳重なため、当然、部外者など出入りできない部屋での出来事。

中古車の話

中古の車を買ったらカーナビもついてきたが、使うことはない。
行き先をどこに設定しても、決まって知らない墓地へ案内されるからだ。

可能性の妹

K君が高校生だった頃の話。

日曜の午後、二階の自室でゴロゴロしていると、バタバタっと、誰かが勢いよく階段を駆け上がってきた。騒々しいなと思いつつ目をやったところ、開いていた引き戸から、小学生の妹がひょっこりと顔をのぞかせ、ニコニコとK君を見ている。「どうした?」と声をかけるも、真ん丸な瞳をキラキラと輝かせ、ただじっとK君を見つめるばかり。

遊んで欲しいのだろうか? そう思い、相手をしてやるべく体を起こした瞬間、庭先から「おにいちゃーん!」と妹の呼ぶ声。しかし目の前には、無言で自分を見つめる妹。

え? と思った瞬間、目の前の妹は音もなく消え去った。

「俺には目の前にいた妹も本物のように見えたんだ。今の俺の妹は庭から声をかけてきた妹だけど、あの時、庭の妹が俺に声をかけてこなかったら、目の前にいたのが俺の妹ってことになってたんじゃないかなとか、ややこしいけど、そんなこと考えてしまうんだよね」

忌中

ナカノが中学生の頃、公園に捨ててあった段ボールに『忌中』と印刷された紙が大量に詰まっていた。

面白がってナカノたちはそれを目に付く所に貼って回った。

七日の間に貼った家の犬猫が全滅した。

暫(しばら)くすると、ナカノと悪ふざけをした仲間の鼻下に、長くて硬い鼠(ねずみ)のような毛が次々に生えた。毛は大人になるまで生え続けたという。

命名

中村さんの勤務先の駐車場に、いつも人が立っている。

輪郭が曖昧（あいまい）で、時々ぼやける。要するにこの世のものではない。

多分、女性だ。見えているのは中村さんだけである。

常に見ているせいか、いつの間にか慣れてしまった。

最近、他の支店から柴田という男性社員が転勤してきた。元々この辺りで生まれ育った人らしい。

柴田は、昼時に窓から駐車場を見下ろし、ぼそっと呟いた。

「うわ、まだいるのか」

あの女性のことだろうか。中村さんは思い切って訊いてみた。

やはりそうである。昔、あの場所に松の木が立っていたそうだ。

あれはそこで首吊り自殺した女性だという。

もう二十年以上も前のことだそうだ。

「ちなみに名前は大畑礼子。同じ学校の二年上の人でね、学校中で大騒ぎになった」

それからも中村さんは、何故か見てしまうという。その度、大畑礼子という名前が頭に浮かぶようになった。

曖昧だった輪郭が次第に明確になり、今ではハッキリとした女性の姿になっているそうだ。

誰

四三歳の会社経営者、良澄さんは半年ほど前から妻と冷戦状態に陥(おちい)っていた。五歳のひとり娘がいなければ、とっくに離婚していたかもしれない。

三年前に新築で買った二階建ての家は本来なら住み心地が良く、非常に気に入っていたが、妻と仲たがいした頃から一種の立ち入り禁止エリアが生まれて、いたたまれなかった。

居間兼食堂は長居が許されないイエローゾーン、愛娘がいる子ども部屋はレッドゾーン。出入りを禁じた子ども部屋に妻は自分のベッドを移し、彼に独り寝を強いた。

娘の寝顔を見に行けないのが辛くてたまらない――と、思っていたせいだろうか、ある晩、寝室に何者かが侵入してきた気配で目が覚めたら、蒲団に寝ている肉体から意識が離れて、宙に浮きあがっていた。そのまま、自分の背丈ぐらいの高さで空中を滑るように移動して廊下を通り、子ども部屋のドアを擦り抜けると、眠っている妻子のもとへ――。

これは夢に違いない。そう思った瞬間、自分の寝床に戻っていた。

しかし同じことが三夜連続して起きた。また、この現象が起きた後は、なぜか暖房を最強にしても寝室が寒くて仕方がなく、居間兼食堂のソファで寝直すようになった。

四日目の朝、妻は「やめてよね」とソファから起きあがった彼に冷たく言った。

少し寝過ごしたようだ。陽の光がさんさんと降りそそぐ中で、妻は娘と二人で朝食を食べている。かたわらには、飾りつけを済ませた大きなクリスマスツリー。

「ごめん。最近、幽体離脱が凄いんだ。魂が子ども部屋に飛んでいって、安眠できない」

「……何を言ってるの？　大丈夫？」

「本当なんだ。目が覚めると寝室に誰かがいて、それから幽体離脱が始まるんだ」

「誰もいるわけが」と妻は言いかけたが、彼に向けていた目を急に大きく見開いて、

「あっ、幽霊！」と叫んだ。それと同時にクリスマスツリーが倒れて、娘が悲鳴をあげた。

「ママー！　怖い！　今、パパの後ろに女の人がいた！」

そう聞いて彼はドキッとし、「どんな女の人だった？」と恐るおそる妻子に訊ねた。

「痩せたロングヘアの人よ」と妻が答えた。娘も「髪の毛が長い、おねえさん」と言った。

——奇妙だ、と彼は思った。不仲の原因になった愛人はショートカットだし、体形はぽっちゃり目で、別れた後も達者で暮らしている。長い髪の女には全然心当たりがなかった。

爪痕

良澄さんがいつもより早めに帰宅すると、夕焼け色に染まった居間兼食堂で五歳の娘が遊んでいた。彼を振り向いて、ニコニコと微笑みかけてくる。

「パパ、おかえりー。さっきね、パパのお部屋におねえさんが入っていったよ」

「おねえさん？　ママのお友だちかな？」

「ううん。知らないおねえさん。前にも来たことがあるけど、そのときは、おねえさんすぐ消えちゃったから、ちょっと怖かったよ」

「……もしかして、髪の長い、痩せた人？」

「うん！　ママが、キレイなサダコみたいだって。サダコってオバケの映画、もっと大きくなったら一緒に観ようねってママが言ってた。観たいな、サダコ！」

良澄さんは、妻もうまいこと言う、と少し感心しながら、右腕の袖口を捲って、手首についた引っ掻き傷をそっと撫でた。

前夜、いったん眠りに落ちた後で、何者かが近づいてきた気配で目が覚めたところ、幽体離脱しかけていて、自分の寝姿を見下ろしていた。

彼の浮気が元で妻と仲たがいをし、寝室を分けてから、こういうことが頻繁に起きている。

妻はひとり娘の寝顔を独占していて、彼を子ども部屋に近づけない。娘恋しさのあまり、魂が抜けて、子ども部屋に飛んでいく夢を見るようになったのだと思っていた。

ただ、気がかりなのは、そうしたことが起きるようになると同時に、髪の長い痩せた女の幽霊と思しきものが妻子の前に現れるようになったことだ。

これまで彼はそれを視たことがなかった。

しかし昨夜はとうとう、いつもの幽体離脱だと思いきや、宙を飛んでいこうとする彼の手首をそいつがギュッと掴んだ。逃れようとすると、離すまいとして爪を立てた。

争っているときに、初めてその姿をはっきりと視た。

たしかに映画『リング』シリーズの貞子に似ていたが、清潔な印象で、可憐だった。

手首を振りほどくと綺麗な貞子はパチンとスイッチを消したかのように消えて、同時に彼は蒲団の中に戻っていた。

彼女は誰だろう。爪痕が肌に残されたのだから、夢ではないのだ。

保留

Ｋ氏は、幼い頃からたびたび、実家の屋根に立つ人影を目撃している。

大人になった今でも目にするため、あるいはお祓いなどするべきか悩んでいるそうなのだが、その人影が良いモノなのか悪いモノなのか、害があるのか無いのか、本当にお祓いなどしてしまって良いのかどうか、考えれば考えるほどわからなくなるため、いつも決断には至らないという。

といれ

深夜、呑みすぎたせいか腹痛で目が覚めた。
トイレに飛び込み、しゃがんでいると。
どんどんと二度ノックされた。

ひとり暮らしである。

実家の鯖

ときおり、怪談というよりは奇談——否、むしろ〈異談〉とでも称すべき話に遭遇する。たとえば、このような。

「ねえ、なんかベランダが生ぐさいんだけど。怖いからちょっと見てよ」

妻に震える声で乞われ、影見さんが朝のベランダに出てみると——鯖が転がっていた。

切り身や味噌煮ではない。まるまる一匹である。

「たぶんカラスの仕業じゃないか。このマンションは東京湾が近いから、カモメかもしれないな」

妻を安心させるため軽い調子で告げたものの、実のところ影見さんは腑に落ちていなかった。

カラスがあれほど大きな魚を咥えられるだろうか。カモメが餌を丸呑みせず放置するだろうか。

納得できなかったが、これ以上詮索すれば怖がりの妻はいっそう怯えるに違いない。やむなく鯖を拾いあげ、異臭に顔をしかめつつ新聞紙で何重にもくるんでから、ゴミ袋の奥へ押しこめる。

直後——携帯が鳴った。

画面に表示された番号は石巻市の実家である。なにごとかと思いつつ通話ボタンを押すなり、母が電話の向こうで「あんた、どういうつもりなの」と怒鳴った。

「いきなり顔を見せたと思ったら、なにも言わず冷蔵庫から魚だけ持って、どっかに行っちゃって。帰ってくるなら事前に連絡してくれないと、こっちも料理の支度とか……」

「ちょ、ちょっと待って。待って。あのさ……俺がいま実家に来たの？　魚ってなんの魚？」

「なに言ってるの、自分で持っていったくせに。夕飯用の鯖に決まってるでしょ」

母の言葉に絶句しつつ、影見さんは「今度は連絡するね」と曖昧に謝り、電話を切った。

「そう答えるしかないでしょう。自分もわけがわからないのに、満足な説明なんかできませんって。そもそも、僕が拾った鯖は傷みかけていたんですよ。だから実家の鯖とは別物だと思うんですけど、それにしてもこんな偶然ってありえますか」

半年後——本当に帰省した際、母から聞いたところによれば〈実家から鯖を奪った影見さん〉は「異様にどす黒い顔で、民族衣装のような服を着ていた」という。

それ以上のことは、いまもなにひとつ不明のままである。

訴え

最近死んだ愛犬チョコが夢に出てきて和佳子さんを庭の隅へと導く。

「土の中は暗くて苦しくていやだよ、ぼくをここから掘り出して！」とばかりに地面を見つめ、くんくんと悲しげに鼻を鳴らしている。

目が覚めた和佳子さんはあわててガーデニング用のスコップ片手に庭に出ると、花や木の植えられていない一角へ直行した。

夢中で掘り進めるとやがて土から白いものが露出し、先日お骨上げをしたチョコの遺骨らしきものが掘り出される。

だが冷静になった和佳子さんは強烈な違和感にとらわれていた。

チョコは自宅の庭になど埋めていない。市内にある動物霊園に眠っているのだ。

これはいったいどこの犬の骨なんだろう？

夢に出てきたチョコは何を訴えてたんだろうか。そもそもあれは本当にチョコだったの？

数々の疑問で頭がいっぱいになった和佳子さんは、骨を並べた穴の底をしばらく眺めたのち、そそくさと埋めもどしてすべて見なかったことにした。

「そもそもうちって沼を埋め立てた土地に建てられた新築なので、前の住人のペットの墓っていう可能性もゼロなんですよね。じゃあいったい誰がいつ埋めたのって思うと、もう考えるのが嫌になっちゃって」

夫や子供にも話していないとのことだ。

熱い

妻田さんの叔母の左手には、子供の頃に負ったという火傷の痕がある。手の側面部、小指の下から手首のあたりにかけて縦に長いケロイドがある。こんなところにどうして火傷をしたのかと訊くと、知らない子どもにやられたと叔母はいう。

それは雪の降る日だった。近所に住む友だち数人と外で遊んでいると、いつの間にか知らない男の子と女の子がまじっていた。とくに気にすることもなく一緒に遊んでいると、知らない子のうちの一人が急に、叔母の手を握ってきたという。

ぎゃあ、と叔母は叫んだ。

その子の手が、チンチンに沸騰したヤカンのように熱かったのだ。

熱くなった何かを握っていたわけではない。熱いのは、その子の手だった。

振りほどこうとしても、大人のような力でガッチリ掴んではなしてくれない。見ると他の友だちも知らない子たちに手を掴まれ、「熱い！」「はなして！」と叫んで蹴ったり叩いたりと抵抗し、相手の手を振りほどこうとしていた。

どのくらい掴まれていたのかわからないが、気がつくと知らない子どもたちはいなくなっていて、被害に遭った友だちはみんな、ぎゃんぎゃんと泣いていた。

その子たちはどこから来たのか。どうしてあんなことをしたのか。手に掴まれただけなのに、なぜあんなにも熱かったのか。わからないことばかりだった。掴まれた手に火傷痕が残ったのは、なぜか叔母だけだったという。

芋

ずいぶんと昔、ノムラさんがひとり登山をしていたときのこと。なんの弾みか憶えていないが足首が痛くなって困り果てていた。

ふと見ると朽ちた石段の傍らに、真ん中に白い筋の入った平たい、手頃な石があった。そこに腰掛けて休んでいると、声を掛けられた。野良作業帰りらしい老人がいた。バス停を尋ねると「道を下っていけ」という。老人は焼いた芋をくれ、去った。芋は口に入れると腐った味がした。ノムラさんはそれを吐き出し捨てると、足を引きずりながら山を下った。

村道らしいものに出ると、屋根のあるバス停を兼ねた休憩所が見つかった。そこで座っていると、居合わせたふたりの老婆がふかした芋をくれた。甘くて旨かった。

礼のついでに「酷い芋を食った」と、先ほどの話をした。

老婆が事細かく老人の姿を云い当てたので、その通りですと頷くと、老婆たちの顔色が変わった。

「おまえさんの座ったのは、人取石という怖い石。貰った芋は、抱き芋じゃ」

その村では死者に芋を抱かせて焼くのだという。

瑕女

数年ぶりに実家へ帰ると、仏間に掛けられた曽祖母の遺影が撤去されている。どうしたのかと問うたが両親とも要領を得ない。そのうち話題が移り、うやむやになった。

深夜、床に就いていると障子（しょうじ）が音もなく開いた。廊下と部屋の境目に女が座っている。女の着物は曽祖母のそれによく似ている。顔は刃物を何度も何度も刺したかのように抉（えぐ）れており、目鼻の判別がつかない。慄（おのの）いているあいだに障子がすうと閉まって、女の気配も消えた。それきりである。

曽祖母は長患いで亡くなっており、死に顔も安らかだった。ならば昨夜のあれは、遺影の霊とでも呼ぶべき存在なのだろうか。人形も化けるなら写真とて化けるのかもしれないと、妙に納得した。

と——そんな話を数年前、山形の湯治場で男性より聞いた。

彼の顔には、刃物でつけられたような大きな傷があったが、理由については聞けずじまいだった。「もう一度話を聞きたい」と何度か湯治場に足を運んでいるものの、いまだに会えずじまいだ。

ストロベリーパフェ

カナコさんが、友だちと一緒に人気のパフェ店へ行ったときの話である。

ふたりがそれぞれパフェを食べていると、隣のテーブル席で、赤い服を着た髪の長い女が、クリームパフェを食べているのが目に入った。

そのうち、女は顔を激しく掻きはじめた。カナコさんの視界の隅で、血が飛び散るのが見えたという。

そうしているうち、女が食べていた真っ白いパフェに赤い血が飛び跳ね、いちごパフェのように見えた。女は、自分の血で汚れたパフェにスプーンを差し込み、べしゃべしゃと平らげていく。

気分の悪くなったカナコさんが、チラチラ見ていると隣の女が「何見てんだよ」と声をかけてきた。頬の肉がえぐれて白い骨が見えていた。

ひっ、とカナコさんが小さく悲鳴をあげると、向かいに座っていた友だちが「どうしたの?」と心配そうに言う。そちらに目をやってから、隣の席を見ると誰もいなかった。

隣のテーブルには、空になったクリームパフェのグラスだけが残っていた。

一緒にいた友だちは、そんな女は見なかったと言っている。

同名

真夜中にコンビニへ行った帰り道、関さんはどういうわけか道に迷ってしまう。

やがて知らないバス停の前に出た。停留所の名前を確かめていると、見慣れた色合いの地元のバスがゆっくり近づいてくる。

こんな時間に走っているのかと不思議に思い、見ていたら目の前に停まった。

運転手と目が合ったので手を横に振って意思表示すると、バスは走り去った。

「家に着いてから思い出したけど、バス停の名前がぼくのフルネームと同じだったんですよね。なぜかその場では全然驚かずにスルーしてたんだけど」

後日いくら探しても、そんなバス停は見つからないそうである。

優しい家

倉田さんの母は認知症が進み、徘徊(はいかい)の頻度が増していた。達者な足腰が災いし、とんでもない場所で見つかることも多く、家族全員が疲労困憊(こんぱい)していたという。

倉田さんは、思い切って徘徊捜索の専門業者に登録した。専門家はさすがである。居なくなってもあっという間に発見に至った。

家族に平穏な日々が戻ったと思いきや、新たな問題が発生した。ある日を境にして、母は毎回同じ家で見つかるようになった。しかもそこは一目瞭然(りょうぜん)の廃屋である。倉田家にとって何の関係もない家だ。

またしても母が居なくなった日、倉田さんはその家に行ってみた。庭に潜んで母を待っていると、やはりやってきた。玄関先で「こんにちはー」と挨拶している。

驚いたことに、家の中で誰かが返事をした。なおも見ていると、室内に母が現れた。その背後に和服が浮いている。母が床に座ると、和服はふわりと浮いて、母の前に座った。まるで人間が正座しているかのような形である。母は、座る和服を相手に楽しそうに話している。

その穏やかな笑顔には、若かりし頃の面影が見えた。

半時間ほどその様子を見守ってから、倉田さんは廃屋の中に入った。和服は見当たらず、母だけが座っていた。

「母さん、家に帰ろう」

素直に従う母は、お気に入りの演歌を口ずさんでいた。その後も母は、この家を訪れている。危険とは思えないため、捜索業者との契約は打ち切った。無料のデイケアセンターに預けているようなものだ。

不安材料は仕入れたくないので、どういう家だったのかは調べていない。

老婆と電話

数十年前のこと。

E氏たちはベロベロに酔っ払い、某県にある史跡に不法侵入した。

「いや、ほんと、今となっちゃ恥ずかしい限りなんだけども」

時刻は深夜二時過ぎ、人気のないその場所で調子に乗りまくり、ゲラゲラ笑いながら不謹慎な行為をしまくっていたところ、ふと気づいた。

「何メートルか先に、婆さんが座ってんだよ。でもおかしいでしょ？　こんな夜中にこんな場所なんだから、普通は婆さんいないよって」

彼等も流石に不思議に思い、地べたに座り込む老婆を取り囲んで各々観察を始めた。

「俺には生きてる人間にしか見えなかったんだけどさ」

仲間たちは酔っ払いの勢いそのままに「これ人形でしょ？」「幽霊だって絶対」「いやでも触（さわ）れるよ」などと、老婆を目の前に好き勝手意見を述べる。

当初より彼らに一瞥（いちべつ）もくれず、微動だにしなかった老婆は、やがて付き合いきれないとでも判断したのか、一行が騒ぎ立てている目の前で、スーっと消えてしまった。

「うわッて思ったよ、幽霊ってこんなにハッキリ見えるモンなんだって」

その光景を見てたじろいだのはE氏のみで、他の面々は「幽霊だ！　初めて見た！」とはしゃぎ、酒瓶を回して喜んだという。

「まぁ、そこまではよかったんだけどさ」

後日、シラフに戻った彼等の元に、妙な電話が掛かってくるようになった。

「『〇〇〜何とか〜帰ってきなさい』っていう内容を若い女の声が繰り返すんだよ、俺の家にも来た」

まだ携帯電話の普及していなかった時代、深夜に何度も掛かってくるその電話に、あの夜のメンバーは肝を冷やしたそうだ。

「かといって特に何をするわけでもなく、そのうち飽きちゃって、掛かってくるのはどうせ夜中なんだし、そんな非常識な電話に出なけりゃいいってことで無視してたら、いつの間にか掛かってこなくなった、録音とかしとけば面白かったんだろうね」

日本がまだ好景気に浮かれ、若者に勢いがあった頃の話である。

畑に踊る

堆肥センターに勤める先輩Aさんが飲みの席で小島さんに語ったという話。

二十年以上前、パキスタンへ稲作指導に行った時のこと。農閑期を利用して作れる農具とその製法について教えることになったAさんは、農家に連泊することになった。

初日の夜、どうも眠れないので外の空気を吸おうとその家の畑の周りを散歩していると、視界に白いものが入ってきた。

畑の上をレースカーテンの切れ端のようなものが、ふわりふわりと舞っている。

風もないのに、畑の上を不思議な動きで行ったり来たりし、まったく地に落ちない。

なんだろうと足を止め、じっと見ていると、突然ぎっくり腰のような痛みが背中から腰にかけて走った。地面に膝をついたAさんは、そのまま立てなくなってしまう。

白いものは水中のクラゲのような動きで、畑を横断して去っていった。

野犬のような声が聞こえてきたので慌てて立とうとするが、電気のように痛みが走っり、まったく身動きがとれない。

しばらくすると、泊まっている家の主人がAさんが帰ってこないことを心配し、捜しに来てくれた。立てないAさんは数人がかりで運ばれたが、家の中に入った途端、腰や背中の痛みは嘘のようになくなった。

畑で見たものについて話すと、家の主人は眉間に皺をよせた。

ひと月前、近くの家の主人が親族に殺害される事件があったのだそうだ。主人は白いシーツに包まれ、畑に埋められていたのだという。

小さいおじさんと私

リュウジさんが子どものころ、家でひとり留守番をしていた。

窓の外から、キーンという甲高い音が聞こえたので外を見ると、黒い着物で頭がつるつるに禿(は)げた、身長一〇センチぐらいの見知らぬおじさんが、合掌しながらこちらへ向かって飛んできていた。

おじさんは窓ガラスをすり抜けて部屋の中に入ると、リュウジさんのまわりをぐるぐると三周ほどしてから、仏壇へ吸い込まれていって消えた。

お父さんとお母さんが帰宅してからその話をすると、「そのことは誰にも言っちゃいけない」と釘を刺されたという。

そう言われていたことを、なぜ私に話してくれる気になったのか、訊いてみた。

まあ、親父もお袋もとっくに死んだし、もういいかなと思ってね。それに、あの小さいおじさん、あんたにそっくりだったんだよ。

予知

伊東さんには、俊哉という弟がいる。ある日のこと、俊哉はこんなことを言い出した。

「俺、今から一ヶ月後に刺されて死ぬみたい」

鋭い刃物を持った男の夢を見たという。

身動きできない自分に覆い被さってきたらしい。

家族全員、そりゃ大変だとか、とりあえず大学卒業後で良かったとか、笑い話で終わった。

一ヶ月後、俊哉は腹膜炎（ふくまくえん）の緊急手術中に死亡した。

予印

十代最後の夏でした。停車場でバスを待っていたら、なにかベンチの隙間に挟まっていたんです。

拾いあげてみれば、それは■■と彫られた印鑑でした。まるで知らない、ちょっと珍しい苗字で。警察に届けようとカバンにしまったんですけど、そのままうっかり忘れちゃって。

思いだしたのは二十代半ば、結婚して実家を離れる前夜でした。荷物を片づけているさなか、古いカバンを捨てようとしたら印鑑が転がってきたんです。

思わず叫び声が漏れちゃいましたよ。だって■■、夫の姓と一緒だったんですから。あ、きっとこれは運命の印鑑なんだ——そんな気がして、そっとトランクにしまったんです。

でも、やっぱり私ってどこか抜けてるんでしょうね。新婚生活でバタバタするうちに、また印鑑の存在を忘れちゃったんです。再び記憶がよみがえったのは、それから五年後のことでした。

荷物を整理していて見つけたんです。

印鑑——斧(おの)をふるった薪(まき)みたいに、まっぷたつでした。
だから、やっぱりあれは運命を告げる印鑑だったのかもしれません。
翌週に私、離婚したんですもの。

え、その印鑑ですか。ごめんなさい、もうこの世にはないんです。
別れた直後に、炭になるまでじっくり時間をかけて燃やしたんで。

褌

侑子さんが旅先で神社を見学していたら、変なところに人がいた。社殿の屋根に褌（ふんどし）姿の男が仁王立ち（におうだ）している。何かの撮影かと思ったがスタッフらしい姿が見当たらない。もしかして自分にしか見えてないものでは？　そう不安になったが、近くにいた団体客の老人たちも男を指さして色めき立ち、カメラを向けたりしている。

なんとなく安堵しつつ、そうだ私も証拠を残しておこう、そう思ってスマホを取り出した侑子さんが屋根にレンズを向けると男がいない。目を離した隙にどこかに行ってしまったようだ。はっとして周囲を見ると、騒いでいた老人たちの姿もかき消えて境内はがらんとしている。鳩だけがクック、クックと鳴いていた。

だから結局、あれを見たのは私だけみたいですと侑子さんは声を落とす。

ぼっちテント

コヤマは去年、流行のひとりキャンプを試した。お決まりのキャンプ場はつまらないので、できるだけ山奥のひと気のない場所にテントを張った。

夜の山は想像以上に心細く、怖かった。

早く寝るに限ると、買ってきていたウィスキーをコーラで割るとガブ呑みした。ぐでんぐでんになってテントに入り寝袋に潜り込むと、忽ち寝入ってしまった。

翌朝「おはようございます！」と、元気よく声がかかった。

土地の持ち主だと思い、テントの中から「すみません！　無断で！」と云って顔を出すと、月が出ていた。

アッと驚いて声をあげると、テントの先でロープの輪が風に揺れていた。

下には朽ちた躯が泥鯰のようにうねっていた。

彼ら

奥田氏の生まれ故郷で一時だけ騒ぎになったという出来事。

「ナベっていう悪ガキが近所にいて、中学生なのに小学生ばかり引き連れていきがってる変なやつだったんだが、こいつがある時、そういう年下を集めて、何をするかと思ったらそいつらの見てる前で歌をうたって聞かせたっていうんだよ」

それはある特定の人に悪意を向けた、差別的な内容の歌であった。彼が考えたわけではなく、一部の差別的な意識を持つ大人がうたいだしたものだが、ナベのようなガキ大将が面白がってうたうのだ。良識ある大人は子どもたちにこの歌をうたうことを強く禁じていた。また、この歌をうたうと、いつでもどこにでも〝彼ら〟がやってきて、うたった子どもを攫(さら)っていくという怪談的な噂が子供たちの間で囁(ささや)かれていた。だから基本、子どもたちはこの歌を避けていた。

その歌を声高らかにみんなの前で披露して見せた彼が、パッタリと姿を見せなくなったものだから、子どもたちは大騒ぎとなった。

〝彼ら〟に歌を聞かれたから攫われてしまったのだ、黙って聞いていた自分たちも攫われるのではないかとパニックになる子どももいた。子どもたちにとって〝彼ら〟は何よりも怖いもので、幽霊とはまた違って現実味を強く帯びた存在であった。

しかもナベの件では、〝彼ら〟の存在を裏づけるような不気味な証言も出ていた。

ナベが歌をうたった日の夕方。

彼が泣きながら、一人で神社に入っていくのを見た男の子がいた。

何をするのかとこっそり後をつけていくと、ナベは鼻血を垂らしていて、泣きながら「ごめんなさい、ごめんなさい」と一人で謝っていた。その彼の背後に、いつの間にか、とてつもなく大きな背丈の男が立っていた。橙色の服を着ており、顔は鬼のようで、明らかに人間ではなかった。

ナベは両手を合わせ、その大男に何かを懇願しているように見えた。

そんな光景を目撃してしまった男の子はその場から逃げだし、このことを友だちに話した。もう陽が落ちかけていたが、見にいってみようぜと何人かで神社へと向かった。

だが、すでにナベの姿はなく、大男の姿もなかった。

そして、ナベはこの町から完全に姿を消したのである。

愛のまなざし

眠っていたヒデキさんは、内容は覚えていないが悲しい夢を見たらしく、胸が張り裂けそうな気持ちに襲われて目を覚ました。

枕元に、ぼんやりと白っぽく、何人かの姿があった。

二〇年以上前に亡くなった、自分をかわいがってくれた祖父母。

一〇年前に亡くなった父。

八年前に亡くなった母。

みんな、愛情に満ちた表情で自分のことを見つめていた。おれはひとりじゃないんだ、と心が暖かくなり、ヒデキさんはまたとろりとした眠りについた。

ただ、同じベッドで眠っている妻の姿もなぜかそこにあり、彼女だけは冷たい表情をしていたのが少しだけ気になった。

生きてるやつはそんなものなんだろう、と思うことにした。

本当の愛情なんて、死んでみないとわからないんだ。

なぜかそういう確信があった。

それぞれの恋

会社の後輩なんですけど、背後にいるんですよね、女の人。
話してると、頭の後ろから顔だけ出して覗き込んできたりして。
はい、私、子供の頃から「見えるタイプ」なんです。
彼、体調も悪そうだし、小さい事故に頻繁に遭ってもいて、危険だなと。
そりゃ普段は黙ってます、経験上、信じてくれないどころか馬鹿にされたりするんで。
でも、私、ぶっちゃけ彼のこと異性として好きなので、そこは愛の仕事というか。
変に思われても彼のこと守れるなら、それが一番だって覚悟を決めて言ったんですね。
「ちょっと悪いモノに憑かれてるみたいだから、お祓い受けた方がいいよ」と。
そしたら「あ、大丈夫です、ソレ、死んだ彼女なんで」って。
そうですね、だから私、ある意味失恋したんです、しかも恋敵は幽霊っていう。
なので今は、どうにかしてあの女を成仏させられないかなって考えてます。

挨拶

ヒロミさんは初めて妊娠した際、義父母へ報告を兼ねて遊びに行くことになった。

夫の実家は駅から車で一時間ほど行った山奥の集落だった。都会育ちの彼女にとっては新鮮に映った。

いつものように楽しく歓談し、夕飯をとった。少し丸みを帯びた腹部に義母は嬉しそうに触れた。

寝の準備にかかっていると、夫が頼みがあるんだと云ってきた。今夜は別々の部屋で寝て欲しいという。初めての孫の場合にはそうするのが、しきたりなのだと云われた。

与えられた部屋は仏間だったが温かな布団もあり、怖くはなかった。

深夜、隣の部屋から襖越しに〈寒くないか〉と問われた。

「大丈夫です」と応えた。

明け方、ゾッとするほど冷たい手に腹をまさぐられた気がして目が覚めた。が、誰も部屋にはいなかった。夢だと思った。

翌日、昼食の準備をしていると僧侶がやってきて「ごくろうさまでした」と云われた。

どういうことかと不思議に思っていると、義母が仏間へと向かう僧侶に続いて彼女を誘った。読経が済むと再び僧侶が彼女に向かい『ハラミツキ御苦労様でした』と頭を下げ、隣室との境の襖を開けた。

そこには布団が延べられ顔に布のかかった白服の人が寝ていた。

「遠縁の男の人だそうでした」

その辺りでは、若くして死んだ人間は妊婦に寄り添われると息を吹き返す『孕み憑き』という風習があるのだという。

帰途、腹が急激に疼き、児は流れた。

夫とは離縁となった。

笑死

加奈田は「自身の死を予知夢で回避できる」と豪語してはばからない。

「最初は大学二年生の冬。夢のなかで手足が折れ曲がって卍(まんじ)みたいな形になってたんだよ。嫌な予感がして、その日に同級生と行くはずだったドライブをドタキャンしたの。そしたらソイツ、東名高速で事故っちゃって。俺が乗ってたはずの助手席がスクラップ状態。いや、ホント危なかったわ」

それを皮切りに、彼は何度となく〈避けて〉いるのだと主張する。

焚き火へ飛びこむ夢を見た数日後には、留守にしていたアパートが全焼。

自分の腸を抱きかかえる夢の翌週は、通り魔事件とニアミス。散らばった脳を拾う夢でうなされた日の夕方に、目の前へバイクが突っこんできたこともある。

これまで八回あまり、彼は死を想起させる夢に倣(なら)い危機を脱している。気づかずに回避したものも合わせれば、もっと多いはずだけど——とは、本人の弁。

「で、どうして今日この話を告白したのかなんだけどね」

一週間ほど前、夢のなかで加奈田は神社を思わせる場所に立っていたのだという。

視界の先には数えきれないほどの花で編んだ極彩色の鳥居が建っており、彼は花鳥居の真下に腰をおろし、いちめんの花に囲まれ、にんにんと笑いながら死んでいたのだそうである。

「幽体離脱っていうんだっけ？　自分の姿が見えるってヤツ。あんな感じで俺が〈俺の死体〉を見ているんだけどさ、死体のヤツ、心から幸せそうに笑ってるんだよ。だから〝へえ、こんな嬉しそうに死ねるなら最高だな〟って思っちゃって。以来、〈死〉に近づきたくてウズウズしちゃうんだよね。回避できたんだから逆も可能なはずだろ。そこで訊きたいんだけど、どうやって死ねばいいと思う？　どんな方法だったら、あんな笑顔で死ねると思う？」

病院に行くよう勧める私へ、加奈田は「そういうことじゃないんだよなあ」と吐き捨て、その場を去っていった。以降は連絡を取っていないので、彼がどうなったかは不明のままだ。

不謹慎な願いと承知しつつも、私は〈死にたくなるほどの笑顔〉が見たくて仕方がない。

彼はどのような最期を遂げるのだろう。それが知りたくて堪らない。

◉著者紹介

我妻俊樹（あがつま・としき）
『実話怪談覚書 忌之刻』にて単著デビュー。著書に「実話怪談覚書」「奇々耳草紙」「忌印恐怖譚」各シリーズ。共著に「FKB饗宴」「てのひら怪談」「ふたり怪談」「怪談五色」「怪談四十九夜」「瞬殺怪談」各シリーズ、『猫怪談』など。

小田イ輔（おだ・いすけ）
「実話コレクション」「怪談奇聞」各シリーズ、共著に「怪談四十九夜」「瞬殺怪談」各シリーズ、『奥羽怪談』『未成仏百物語』など。原作コミック『厭怪談 なにかがいる』（画・柏屋コッコ）もある。

川奈まり子（かわな・まりこ）
『義母の艶香』で小説家デビュー。実話怪談では「実話奇譚」「一〇八怪談」各シリーズ、『八王子怪談』『実話怪談 穢死』など。共著に「怪談四十九夜」「瞬殺怪談」「現代怪談 地獄めぐり」各シリーズ、『実話怪談 犬鳴村』『実録怪談 最恐事故物件』など。TABLO(http://tablo.jp/)とTOCANA(http://tocana.jp/)で実話奇譚を連載中。

黒木あるじ（くろき・あるじ）
怪談作家として精力的に活躍。「怪談実話」「無惨百物語」「黒木魔奇録」「怪談売買録」各シリーズほか。共著では「FKB饗宴」「怪談五色」「ふたり怪談」「怪談四十九夜」「瞬殺怪談」各シリーズ、『奥羽怪談』『実録怪談 最恐事故物件』『未成仏百物語』など。『掃除屋 プロレス始末伝』『葬儀屋 プロレス刺客伝』など小説も手掛ける。

黒 史郎（くろ・しろう）
小説家として活動する傍ら、実話怪談も多く手掛ける。「実話蒐録集」「異界怪談」各シリーズ、『黒塗怪談 笑う裂傷女』『黒怪談傑作選 闇の舌』『ボギー 怪異考察士の憶測』ほか。共著に「FKB饗宴」「怪談五色」「百物語」「怪談四十九夜」「瞬殺怪談」各シリーズ、『未成仏百物語』など。

神　薫（じん・かおる）
静岡県在住の現役の眼科医。『怪談女医 閉鎖病棟奇譚』で単著デビュー。『怨念怪談 葬難』『骸拾い』など。共著に「怪談四十九夜」「瞬殺怪談」各シリーズ、『現代怪談 地獄めぐり 業火』など。女医風呂 物書き女医の日常 https://ameblo.jp/joyblog/

鈴木呂亜（すずき・ろあ）
自称「奇妙な噂の愛好者」。サラリーマンとして働く傍ら、国内外の都市伝説や奇妙な事件を蒐集している。黒木あるじの推薦により『都怪ノ奇録』で単著デビュー。単著に「実録都市伝説」シリーズ、共著に「怪談四十九夜」「瞬殺怪談」シリーズなど。

つくね乱蔵（つくね・らんぞう）
『恐怖箱 厭怪』で単著デビュー。『実話怪談傑作選 厭ノ蔵』『恐怖箱 厭福』『恐怖箱 厭熟』『恐怖箱 厭還』など。共著に「怪談四十九夜」「瞬殺怪談」「怪談五色」「恐怖箱テーマアンソロジー」各シリーズなど。ホラーライトノベルの単著に『僕の手を借りたい。』ほか、黒川進吾の名でショートショートも発表、共著『ショートショートの宝箱』もある。

平山夢明（ひらやま・ゆめあき）
『「超」怖い話』「怖い話」「顳顬草紙」「鳥肌口碑」「瞬殺怪談」各シリーズ、狂気系では「東京伝説」シリーズ、監修に「FKB饗宴」シリーズなど。ほか初期時代の『「超」怖い話』シリーズから平山執筆分をまとめた「平山夢明恐怖全集」（全六巻）や『怪談遺産』など。

鷲羽大介（わしゅう・だいすけ）
一七四センチ八八キロ。「せんだい文学塾」代表。共著に「怪談四十九夜」「瞬殺怪談」各シリーズ、『奥羽怪談』、「江戸怪談を読む」シリーズ『猫の怪』『皿屋敷　幽霊お菊と皿と井戸』など。

瞬殺怪談 罰

2022年2月7日　初版第1刷発行

著者……………………………平山夢明、黒木あるじ、我妻俊樹、黒　史郎、つくね乱蔵、
神　薫、鷲羽大介、鈴木呂亜、小田イ輔、川奈まり子
デザイン・DTP　…………………………………………荻窪裕司（design clopper）
企画・編集　…………………………………………………………中西如（Studio DARA）

発行人………………………………………………………………………………後藤明信
発行所……………………………………………………………………株式会社 竹書房
〒102-0075　東京都千代田区三番町８－１　三番町東急ビル６F
email：info@takeshobo.co.jp
http：//www.takeshobo.co.jp
印刷所…………………………………………………………中央精版印刷株式会社